図解 仕事が速い人と仕事が遅い人の習慣

The Habits of Fast Workers & Slow Workers

s & Slow Workers

PROLOGUE

はじめに

になれば…

トも充実する。

「仕事が速い人」になれば、仕事を速くこなせるようになる、……だけではない。

私は非常に平凡な人生を送ってきました。

大学を1年留年すると、世の中はバブルがはじけてしまい、就職戦線が非常に厳しくなりました。

そんな中、普通に就職活動を行い、なんとか1社だけ内定をいただいたのです。

その会社でも、ごくごく平凡な社員。

仕事にもあまり興味が持てず、仕事は遅い。

そのくせ自分の意見を上司に主張するなどして、扱いにくい社員だったのではないかと思います。

出世は早々とあきらめ、「早く辞めたい」などと思う日々。

その中で、資格試験に受かって独立することを考えました。

資格試験に受かるためには、仕事を速く終わらせて、学校に通わなければならない。そこから、私の「仕事が速い人」になるための戦いがはじまりました。

「仕事が速い人」になるためにはどうすればいいか、ということを日々考え続け、それを実行していったのです。

その結果、**仕事を速く進めることができ、定時退社も可能に。**学校に通うこともできて、気象予報士試験や税理士試験の合格につながりました。

独立してからも、「仕事が速い

The Habits of Fast Worl

仕事が速い人

プライベー

人」になるためのメソッドを開発し続け、実行してきました。そのおかげで、貯金もないほぼゼロからスタートした独立起業もうまくいき、家族とほぼ不自由なく暮らしていくことができています。

「仕事が速い人」になれば、自分のやりたいことをはじめられる！

その**「仕事が速い人」になるためのメソッドには、副次的な効果もありました。**

メソッドを試験に流用することで、「試験の問題を解くのが（正確に）速い人」にもなることができたのです。

独立してから受験した中小企業診断士も1回の受験で合格することができました。

もともと平凡で、仕事が遅い人間だったことからもわかるように、私自身は本当に、今でもごくごく平凡な人間です。才能なんてありません。

それがなんとかうまくやっていけているのは、「仕事が速い人」になるメソッドを開発し、それを習慣にしてきたからです。

本書では、その「仕事が速い人」になる習慣を余すところなく、すべて絞り出すようにご紹介していきます。

「仕事が速い人」になれば、ただ仕事を速くこなすことができるようになるだけではなく、私のように**試験に合格することができたり、時間の余裕を利用して新しいことや自分のやりたいことをはじめたりすることも可能**です。

本書によってぜひあなたも、**仕事が速い人になり、プライベートも充実させていってください。**

なお本書では、「仕事が〝速い〟人」という表現を主に使っていますが、〝はやい〟には、〝速い〟と〝早い〟があり、「仕事がはやい人」という言葉は、そのどちらの意味も持っていると私は考えています。仕事を〝速く〟こなして、〝早く〟何かをする、という意味でとらえていただければと思います。

山本　憲明

図解

The Habits of Fast Workers & Slow Workers

仕事が速い人と仕事が遅い人の習慣 CONTENTS

CHAPTER 03 考え方・姿勢編

CHAPTER 04 スケジュール管理編

CHAPTER 05 仕事攻略編

CHAPTER 06 自己研鑽編

CHAPTER 07 コミュニケーション編

●カバーデザイン／小野光一（OAK）
●本文デザイン・DTP／斎藤 充（クロロス）
●編集協力／藤吉 豊（クロロス）、岸並 徹、斎藤菜穂子

CHAPTER
01

「仕事が速い人」と
「仕事が遅い人」の習慣

仕事環境 編

The Habits of Fast Workers & Slow Workers

01

仕事が速い人は どんどん「モノ」を捨てる。

仕事が遅い人は 「モノ」を大事にする。

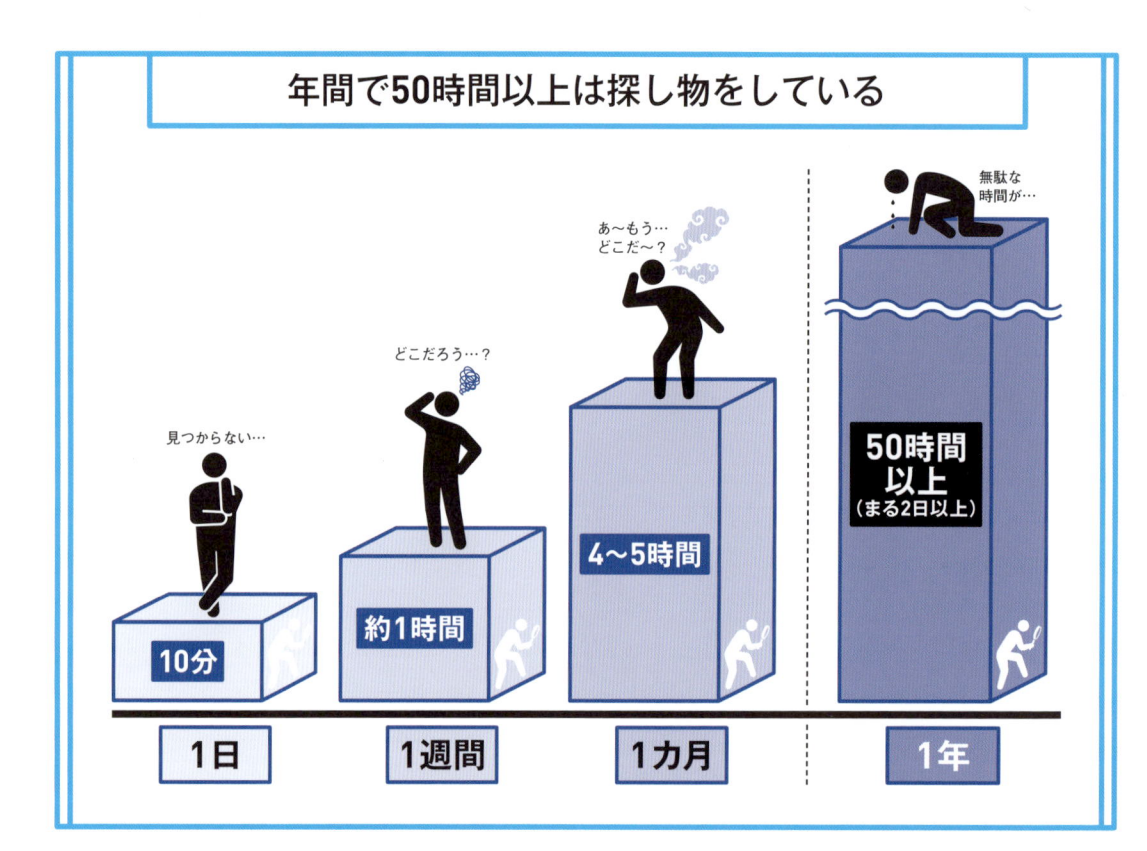

年間で50時間以上は探し物をしている

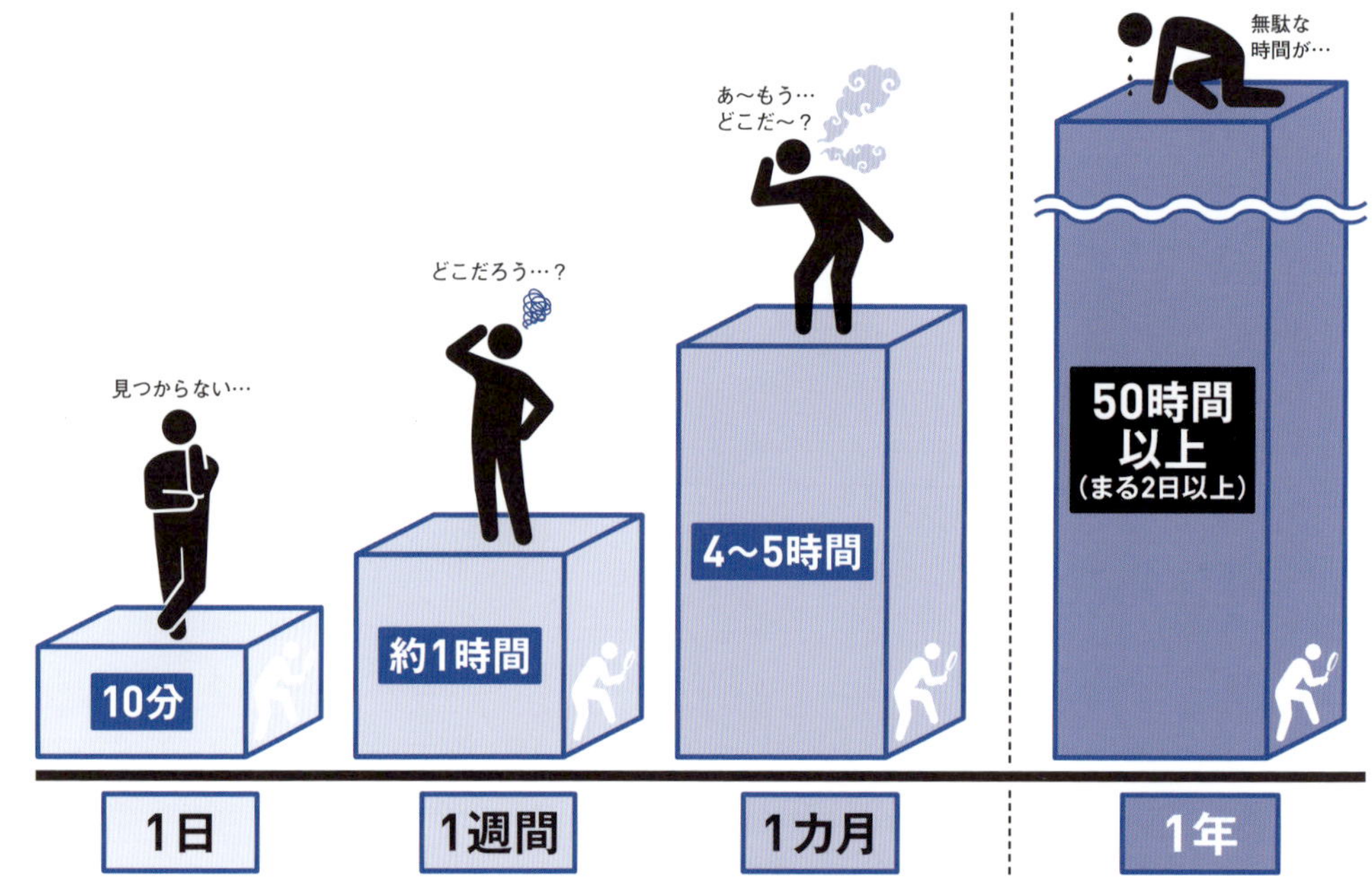
見つからない…
10分
どこだろう…？
約1時間
あ～もう…
どこだ～？
4～5時間
無駄な
時間が…
50時間
以上
（まる2日以上）
1日
1週間
1カ月
1年

人は1日に平均して10分間も探し物をしている

私たちの周りにはモノがあふれ、それを捨ててスッキリすることが難しくなっています。

モノが多いことによる仕事への影響は、とにかく大きい。

まず、「探す時間が多くかかってしまう」ということです。

ある調査の結果では、**人は1日に平均して10分間、探し物をしている**と言います。これは私たちの生活に当てはめてみると、あながちウソではなさそうです。

探し物は、本当のモノだけでなく、パソコンの中のファイルなどもありますから、それ以上の時間を費やしているでしょう。

例えば1日10分間、探し物をするとなると、1週間で約1時間、1カ月で4～5時間、**年間だと50時間以上（まる2日以上）は探し物をしている**計算になります。1年に2日もつぶれてしまう。そう考えると、「探し物をする時間、もったいないな」と感じませんか。

探し物の時間をなくすことができれば、仕事が速く進みます。

モノを減らして、整理整頓をすれば、仕事が速くなる

探し物を見つけたら、そのあと二度と探すことのないように整理しておくことが重要です。

「仕事が速い人」になりたければ、とにかく、「モノを減らす」ことに意識を傾けるようにしてください。

私もモノに囲まれた生活を送っていました。事務所にも自宅にもモノがあふれ、それを処分するのに時間がかかっていたのです。

2012年に事務所を移転したのですが、移転の目的のひとつが「モノを減らすこと」でした。無理やり引っ越しをして、そのときにたくさんのモノを捨てました。その結果、事務所はスッキリして、仕事も捗るようになりました。

「仕事が遅い人」は、モノにとり囲まれていることが多いのではないかと思います。それだと探し物に時間もかかるし、目に入ってくるモノに気をとられて集中できない、なんてことも起こります。

モノを減らしていく。これは非常に重要なことです。

仕事が速くなる 3 POINT

1. 「モノ」を減らして探し物をする時間を少なくする
2. 探し物を見つけたら、きちんと整理しておく
3. 書類はスキャンしてPDFファイルに変換する

仕事が速い人になるには、モノを減らす

× 仕事が遅い人

モノにとり囲まれて仕事をしている

◎ 仕事が速い人

スッキリしたデスクで仕事をしている

02

仕事が速い人は インターネットから逃げる。

仕事が遅い人は インターネットに近づく。

インターネットはリアルに戻ることができなくなってしまう

パソコンやスマホ、インターネットがものすごく発達した現代の社会において、新たな問題が発生していることは間違いありません。それは、**「ネット、スマホ依存」という『病気』**です。インターネット、スマホなどは、とにかく吸引力が強い。やろうと思えば、いくらでも続けることができます。

例えば、YouTubeなどで動画を見ていると、右側に関連する動画の候補がたくさん現れます。その関連する動画を見ると、また別の関連する動画が現れ……というように、油断していると、ずっと動画を見てしまうことにもなりかねません。

インターネットの世界では技術が進歩してしまい、人間の心理をよく考えた仕組みがそこかしこに施されています。それに乗ってしまったら、なかなかリアル世界に戻ってくることができなくなってしまうのです。

インターネットには依存性がある

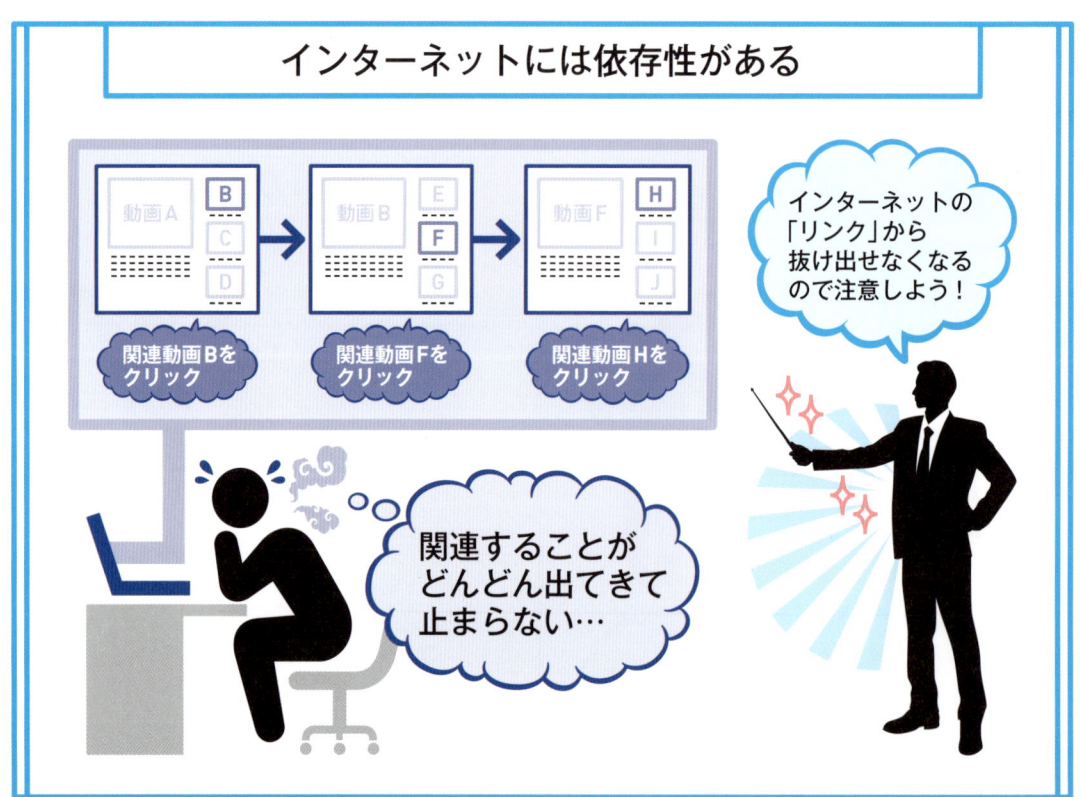

動画A
B
C
D
動画B
E
F
G
動画F
H
I
J
関連動画Bをクリック
関連動画Fをクリック
関連動画Hをクリック
インターネットの「リンク」から抜け出せなくなるので注意しよう！
関連することがどんどん出てきて止まらない…

仕事が速い人になるには、ネットを遠ざける
× 仕事が遅い人
ネット、ネット…
スマホスマホ…
仕事中もインターネットに常につないでいる
◎ 仕事が速い人
仕事にひたすら集中しよう！
仕事に集中するときはインターネットを遠ざける

インターネットもスマホもない状態に身を置く

それを防ぐには、どうすればいいのでしょうか。

「仕事が速い人」は、インターネットやスマホを、意識して遠ざけるようにしています。または、意識して遠ざける時間をしっかりと設けているのです。

「仕事が速い人」は、パソコンがない部屋を確保したり、パソコンを持ち歩かないで外で仕事をしたりしています。

また、スマホもわざと見えないところへ置くなどして遠ざけているのです。

意識して遠ざけなければ、インターネットもスマホも、あなたのところに忍び寄ってきます。**「インターネットも、スマホもない」という状態にいかに身を置くかが大事**なのです。インターネットやスマホは、必要なときに使えばいいだけの話です。

なぜインターネットやスマホを遠ざけると、「仕事が速い人」になるのか。答えはごく単純ですが、「仕事に集中できる」からです。**「仕事が速い人」は、間違いなく集中力が高い**です。

仕事が速くなる 3 POINT

1. パソコンがない部屋を確保したり、パソコンを持ち歩かない
2. スマホも見えないところへわざと置いて、遠ざける
3. インターネットやスマホは、必要なときだけ使う

CHAPTER 01

03

The Habits of Fast Workers & Slow Workers

仕事が速い人は パソコンをすぐ買い替える。

仕事が遅い人は パソコンを大事に使う。

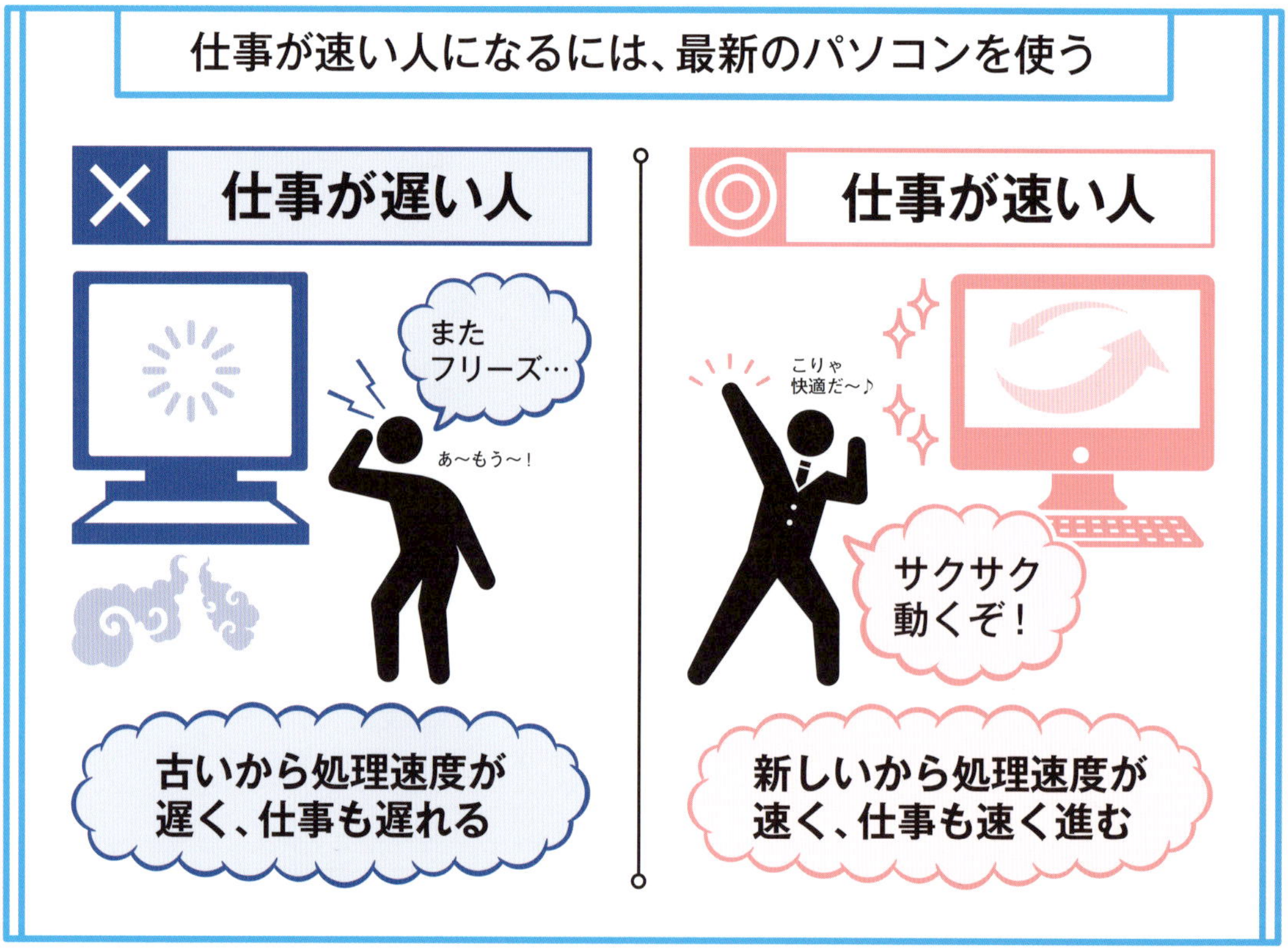

仕事が速い人になるには、最新のパソコンを使う
仕事が遅い人
またフリーズ…
あ〜もう〜！
古いから処理速度が遅く、仕事も遅れる
仕事が速い人
こりゃ快適だ〜♪
サクサク動くぞ！
新しいから処理速度が速く、仕事も速く進む

パソコンの処理時間に時間を費やされるのは、大きな損失

「仕事が速い人」になるためには、パソコンをしょっちゅう買い替えなければならない、とただ言っているわけではありません。このような考え方が、「仕事が速い人」になるために必要だということを言いたいのです。

パソコンは確かに高価です。しかし、高価だからといって、**「もったいない」と4年も5年も使っていると、完全に「仕事が遅い人」に成り下がってしまいます。**

パソコンは2年くらい使っていると、少しずついろいろなところで処理速度が遅くなってきます。一方、新しく出るパソコンはスペックがどんどん良くなってきているため、スピードの差は歴然です。

仕事の内容や業種にもよりますが、事務的な仕事においては、パソコンを使う頻度はものすごく高いはずです。そのようなスタイルで仕事をしている人が、**パソコンの処理待ち時間などに時間を費や**

されるのは、とても大きな損失ではないかと思います。

「仕事が速い人」は、時間を短縮できるならお金を払う

「パソコンをしょっちゅう買い替える人は、仕事が速い人」という論調でこの項は進んでいますが、これはパソコンだけではなく、すべてのことに当てはまります。要するに、**お金を使ってでも時間を大事にしていくことが、結局は仕事を速くすることにつながり、その結果として費用も回収できてしまう、**ということなのです。

「仕事が速い人」は、時間とお金の関係を常に考えています。少々お金がかかっても、時間を短縮できるのであれば、そのことにお金を支払います。一時的にお金が減ったとしても、買った時間を有効に使うことで、それ以上のお金をとり戻すことが可能なのです。

「時間を生み出す」部分には思い切ってお金を使いましょう。それができた会社や個人に、業績や成績が良くなる権利が与えられるのではないかと思います。時間を生み出すためにお金を使うことを恐れないようにしてください。

必見！お役立ち COLUMN

仕事の道具にもこだわり、うまく使いこなそう

デスクワークの仕事なら、文房具などの道具も重要です。「仕事が遅い人」は、道具をうまく使いこなすことができません。その辺にあるものを適当に使用していて、「こだわり」がないのです。しかし、いい道具は毎日の仕事を効率化してくれますので、バカにできません。

道具をきちんと整理して、使いやすいようにするのが、「仕事が速い人」になるための第一歩ではないでしょうか。

仕事が速い人は、時間とお金の関係を考える

お金を使って時間を節約すれば、結果的に費用は回収できます！
NEW PC
動作が速い！
またね～
NEW PC
おかえり～！

04

仕事が速い人は どこでも仕事をやる。

仕事が遅い人は デスクで仕事をやる。

どこの席でも仕事ができるように！

最近は自宅やオフィスだけでなく、カフェやレストランで仕事をしている人が増えてきました。この**どこでも仕事をするスタイルが、仕事の巧拙や遅速に、大いにかかわってくる時代になっています。**

大きな会社に勤めている友人から最近よく聞くのが、「仕事のデスクはアクセスフリーだよ」という言葉。アクセスフリーとは、自分の席が決まっていなくて、きた人から順番に好きな席で仕事をするようなスタイルです。場所の効率的な利用、省スペースを狙ったものではないかと思います。

もともと日本人は、学校の席からして毎日同じ席に座って授業を受けるスタイルでやってきていますので、アクセスフリーのようなスタイルには、ちょっとした抵抗感があります。

しかし、アクセスフリーを採用しているのであれば、どこの席でも仕事ができるようにしておかな

「アクセスフリー」＝好きな席で仕事をするスタイル

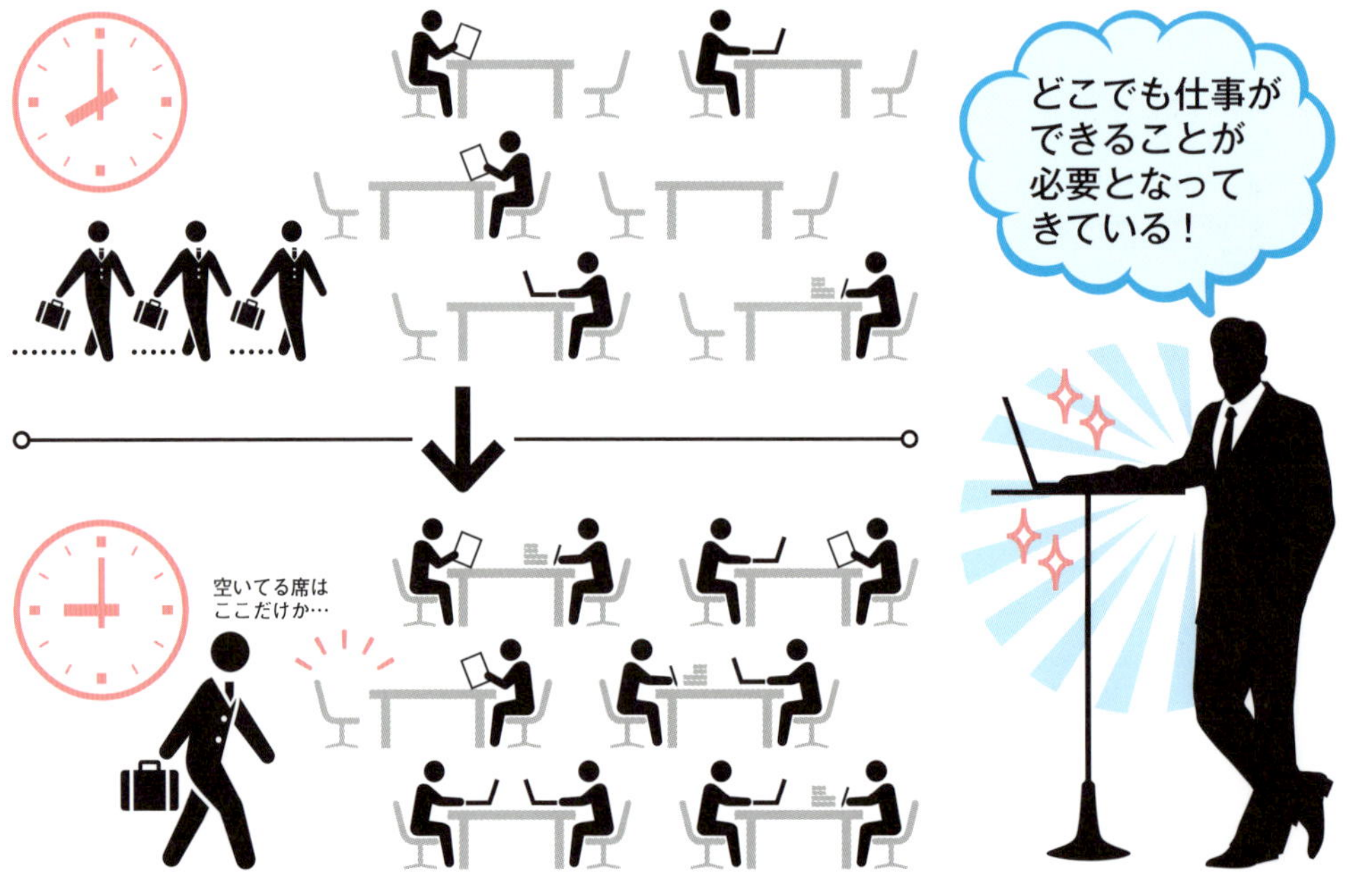
空いてる席はここだけか…
どこでも仕事ができることが必要となってきている！

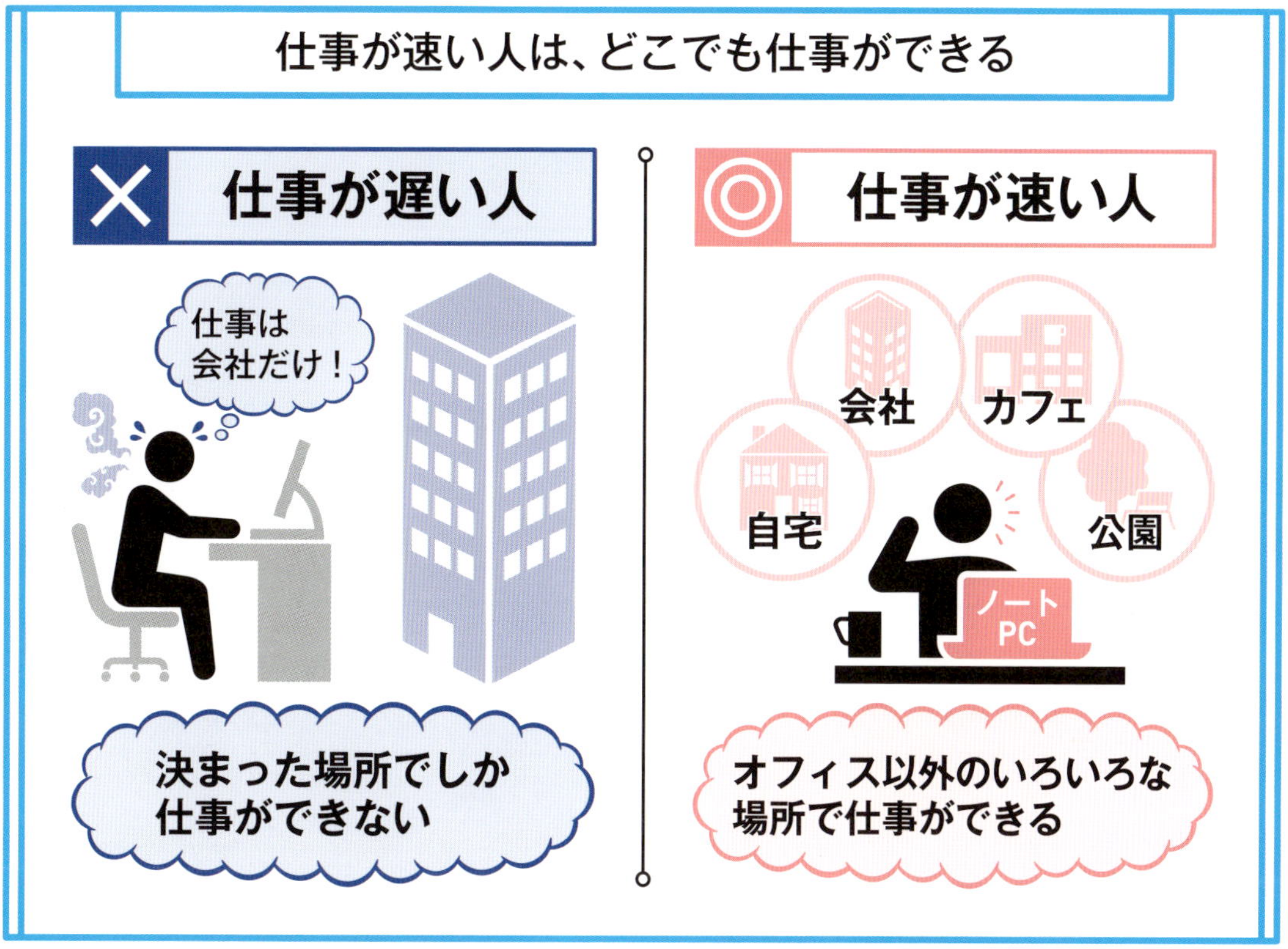
仕事が速い人は、どこでも仕事ができる
仕事が遅い人
仕事は
会社だけ！
決まった場所でしか
仕事ができない
仕事が速い人
会社
カフェ
自宅
公園
ノート
PC
オフィス以外のいろいろな
場所で仕事ができる

ければなりません。

席の位置などにこだわらず、すぐに仕事をはじめて軌道に乗せられる人が「仕事が速い人」ということです。

「どこでも仕事ができる人」は、仕事の立ち上がりが速い

会社内での席もさることながら、外でも仕事ができるようにしておいた方がいいことは間違いありません。

「どこでも仕事ができる人」が「仕事が速い人」になれる一番の要因は、「スキマ時間を無駄にしない」ことです。

例えば、出先で仕事と仕事の合間に中途半端な時間が空いてしまった場合、カフェなどで仕事ができれば、その時間を有効に使うことができます。

また、**「どこでも仕事ができる人」は、スキマ時間のような限られた時間で仕事をしなければならないため、総じて仕事の立ち上がりが速い。**すぐにエンジンをかけられるかどうか、ということも「仕事が速い人」になるための重要な要素です。『どこでも仕事族』は、その点でも有利といえるでしょう。

必見！お役立ち COLUMN

新しいものをとり入れる柔軟な考え方を持とう

インターネットでどこからでもアクセスできて、データを見たり保存したりできるクラウドを利用すれば、どこでも仕事ができます。クラウド系ソフトは家のパソコン、モバイルパソコン、事務所のパソコン、iPhone、iPadなどからアクセスでき、すべてのツールでひとつのデータを共有して使うことができます。

いつでもどこでも仕事をこなせる新しい方法をとり入れて、「仕事が速い人」になりましょう。

05

仕事が速い人は集中する方法を身につける。

仕事が遅い人は集中する意識がない。

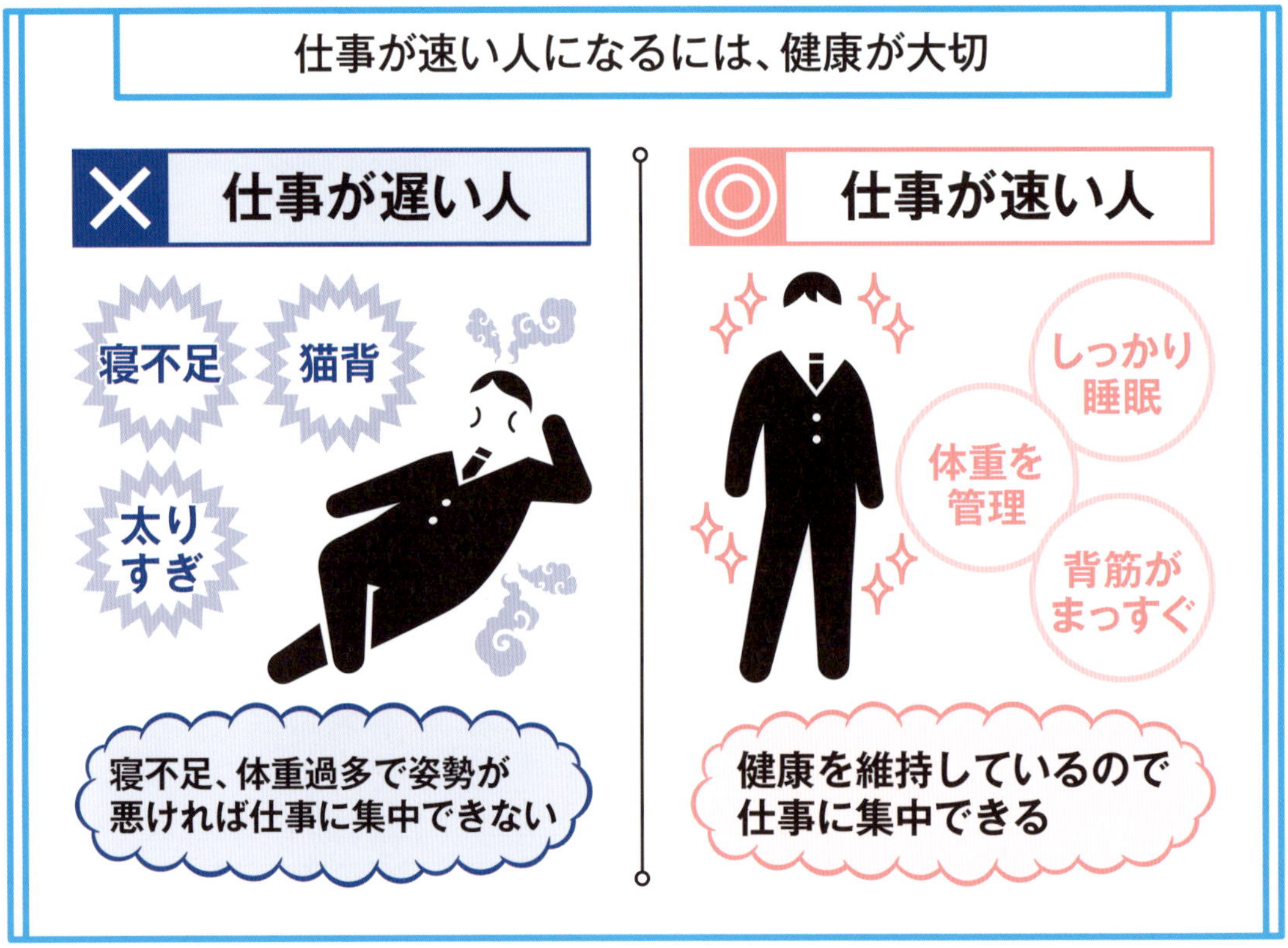
仕事が速い人になるには、健康が大切
仕事が遅い人
寝不足
猫背
太りすぎ
寝不足、体重過多で姿勢が悪ければ仕事に集中できない
仕事が速い人
しっかり睡眠
体重を管理
背筋がまっすぐ
健康を維持しているので仕事に集中できる

睡眠を充分とり、体重を維持し、姿勢を正しく！

仕事を速くできるようになるためには、やはり、とにかく「集中」して仕事にとり組むことが第一条件です。それでは、どうやったら集中して仕事ができるようになるのでしょうか。

まずは健康面から考えてみたいと思います。やはり、**人間は健康でなければ、何事も集中してやることができません。**健康を維持するためには、ある程度の努力が必要です。睡眠時間を充分にとり、ある程度の運動をする。それから、暴飲暴食を避け、体重もあまり多くならないようにする。そして、仕事をしているときや普段の姿勢を意識して、猫背にならず背筋を伸ばす。

このような**当たり前のことでも、毎日積み重ねていくと、大きな差になったりします。**1日1日で考えると、自覚することもないでしょうが、しばらく経ったあとには大きな差になって現れるのです。

外部環境を整え、五感が仕事に集中できるようにする

仕事を集中してやれるようになるためには、健康面だけでなく、外部環境も非常に重要な要素となってきます。

ここでは、人間の五感について考えてみましょう。

まずは視覚。**周りにものをあまり置くことなく、その仕事に関係するものだけを置く**ようにしてください。

それから聴覚。音が何もしないのが理想ですが、周りがうるさいときは、**ノイズキャンセル機能を持つヘッドフォンやイヤホン**をして、クラシック音楽を聴いたりすればいいのではないでしょうか。

次に嗅覚。気持ちを落ち着かせるために、**アロマの香りを流したり、お香を焚く**のがいいと思います。なるべく食べ物の匂いを避けるようにしてください。

味覚、触覚は仕事にあまり関係ないと思いますが、触覚という意味では、**使いやすい機器を使うことが非常に重要**です。特にデスクワークが多い方は、パソコンのキーボードなどを自分の使いやすいものにしてください。

仕事が速くなる 3 POINT

1. 集中して仕事をするために健康を維持する
2. 仕事中は机上に余計なものを置かず、イヤホンなどを使う
3. アロマやお香を焚き、キーボードなどは使い慣れたものに

仕事に集中できる外部環境を整える

仕事に集中できるように五感をフルに働かせよう！
視覚
パソコンの画面は余計なウインドウを閉じ、シンプルにする
聴覚
ノイズキャンセル機能を持つヘッドフォンで騒音をシャットアウト
嗅覚
アロマの香りなどを流し、食べ物の匂いは避ける
触覚
自分が使いやすいキーボードを利用する

CHAPTER 01

仕事環境編

復習問題

次の［　　］に当てはまる言葉は、下のA～Gのうちどれか？

Q1 仕事が速い人は 常に［　　］された環境で作業する！

Q2 仕事が速い人は 集中力を発揮するためにインターネットや［　　］を遠ざける！

Q3 仕事が速い人は 効率化のために［　　］を投資する！

Q4 仕事が速い人は ［　　］にこだわりを持ち、うまく使いこなす！

Q5 仕事が速い人は ［　　］に作業する！

Q6 仕事が速い人は ［　　］をとり入れる柔軟な考え方を持っている！

Q7 仕事が速い人は ［　　］に整えるのがうまい！

A お金	B ベストコンディション	C 新しいもの	
D スキマ時間	E 道具	F スマホ	G 整理・整頓

解答：Q1／G　Q2／F　Q3／A　Q4／E　Q5／D　Q6／C　Q7／B

CHAPTER 02

「仕事が速い人」と
「仕事が遅い人」の習慣

日常生活編

The Habits of Fast Workers & Slow Workers

CHAPTER 02

The Habits of Fast Workers & Slow Workers

06

仕事が速い人は プライベートを重視する。

仕事が遅い人は プライベートはあと回し。

仕事が速い人はよく働き、よく遊ぶ
仕事が遅い人
寝てすごそう…
休日は寝るだけなどで
プライベートが充実しない
仕事が速い人
休日も趣味などで忙しく
プライベートが充実

「仕事が速い人」は、プライベートな時間もすごく重要視する

「仕事が速い人」は、プライベートが充実しており、「仕事が遅い人」は、充実させることができていない。私の周りでも、その法則がほぼ成り立っています。

私の友人で仕事ができる人、すなわち**「仕事が速い人」は、仕事の時間はもちろんですが、プライベートな時間をすごく重要視しています。**自分の趣味や好きなことをやる時間をしっかりとっているのです。そのような人の日々の行動を見たり聞いたりすると、充実しすぎていて、「寝る時間、あるのかな」と思ってしまうのですが、睡眠もしっかりとっているようです。もちろん、仕事の実績もしっかり出しているし、たくさんの人から愛されていて、お客様から強い支持も受けています。見習うところが多いです。

これに対して、申し訳ないけれども**「さえないな」と思う人は、プライベートが充実していないんじ**

やないかな、と思うことが多いです。いつも仕事だけをしているような感じで、プライベートな時間が、ほとんどないように見えてしまいます。

時間が限られてエネルギーが多いので、仕事が速くなる

さて、なぜプライベートが充実していると、仕事が速いのでしょうか。

まずは、「時間が限られている」こと。

プライベートが充実していると、そのプライベートのために、時間とお金を捻出しなければならない。そのためには、仕事を速くこなし、その上でしっかりと稼ぐ必要があるというわけです。

そして、「エネルギーの絶対量が多い」こと。

エネルギーを、バイタリティという言葉に置き換えてもいいかもしれません。そのような人は、プライベートも仕事もやりたいことが多くて、それを大きなエネルギーとして有効利用しています。**エネルギーが大きいということは、仕事を速く進める力を持っているということにつながります。**

必見！お役立ち COLUMN

休日にしっかりとやる気や集中力をチャージする

「仕事が速い人」になるためには、集中力を長時間保っていられることが重要です。そのためには、十分な休息をとることが必要。「仕事から離れた時間」には仕事のことを忘れ、やる気や集中力をチャージするのです。

オンとオフの境目がなく、休みも仕事のことを考えていると、集中力がなくなってきて、仕事がうまく進みません。

オンとオフの区別をした上で、仕事に励みましょう。

プライベートの充実で、仕事が速くなる理由

1 プライベートのための時間を捻出しようとする
土曜日はテニスをしよう！
日曜日は映画館に行こう！
だから仕事を頑張ろう！
2 エネルギーの絶対量が多く、それを有効利用できる
あれもこれも頑張るぞ！
あれもこれも頑張るぞ！
仕事が速いよね！
あの人、すごいな！

07

仕事が速い人は 朝は早起きをする。

仕事が遅い人は 朝はゆっくり起きる。

体の仕組みからして、朝の方が集中力が高まる

朝早起きして仕事をする人は、主に以下の2つの理由で「仕事が速い人」ということができるのではないでしょうか。

ひとつ目は、体の仕組みからして、**朝の方が集中力を高めることができ、仕事の能率が良くなる**ことです。東京大学の島津明人准教授の研究によると、「人間の脳が集中力を発揮できるのは、朝目覚めてから13時間以内」だそうです。

夜に頑張って仕事をやっても、脳自体が集中できていないから、効率が悪くなる。朝起きてからしばらくは、脳がクリアになっていて集中できるため、仕事の効率が良くなるというわけです。

私は、**「脳のハードディスク最適化」機能が働いている**と考えています。パソコンのハードディスクも、ずっと使っていると、動きが遅くなったりすることがあります。そうなったとき、パソコンの使用をいったん中断して、「ハードディ

仕事が速い人になるには、早起きする
仕事が遅い人
まだ
起きなくて
いいや
朝ゆっくり起きて
ようやく仕事をはじめる
仕事が速い人
仕事を
はじめよう！
朝早く起きてスムーズに
仕事をはじめる

早起きすると仕事が速くなる理由
1 「脳のハードディスク」が最適化するため
CLEAR!!
おはよう！
2 朝は時間が限られているため
10時の会議に間に合うように行かないと！
午前中いっぱいでこの書類を仕上げないと！

スクの最適化」を行うと、サクサク動いたりします。

　人間の脳は、寝ているときに、「脳のハードディスク最適化」を自動的に行い、朝起きたときにはクリアになっているという感覚が私にはあります。そういった人は、朝集中して仕事をやると、仕事の進みが速くなるはずです。

時間の制約が仕事のスピードを速める

　早起きすることによって仕事が速くなる2つ目の理由は、**「朝は時間が限られている場合が多い」**ことです。「午前中に出かけるので、それまでに仕上げる」など、時間に制約がかかっている場合が多いはずです。

　これが夜の残業時間になると、何時に帰ってもいいことが多く、ダラダラしてしまう可能性が高くなります。その分仕事がゆっくりになり、「仕事が遅い人」になり下がってしまう、というわけです。

　限られた時間内に仕事を終えなければならない、というプレッシャーがかかるのは、朝のことが多いはず。その**プレッシャーが、「仕事が速くなる」**要因になります。

必見！お役立ち COLUMN

午前中に重要な仕事を終えてしまおう

　私は会社員だったころ、会社の始業前に食堂や会議室で勉強し、そのおかげで税理士試験に早く合格できました。

　朝早い時間帯は、会社に誰もいない場合が多く、電話も鳴らないため、集中できます。午前中は仕事も速く進むので、午後の早い時間までに、「やるべきこと」を終わらせていました。「午前中はやるべきこと、午後は好きなこと」のパターンで仕事を行うと、速く進みます。

08

仕事が速い人は夜はさっさと眠る。

仕事が遅い人は夜はゆっくり眠る。

夜早く寝るために私がとった方法

1 仕事の終了時間にすぐ帰る

お先に
失礼します
18時に
なりましたから

2 帰ったら気分をリラックスさせる

ふ～、
気持ち
よかった！
ぬるめの
お風呂は
最高だ～♪

3 読書して眠くなったら寝床へ

そろそろ
寝ようかな
眠くなって
きたな
BOOK

早起きをするためには、単純に夜早く寝る

私が『朝１時間勉強法』（ＫＡＤＯＫＡＷＡ）を書いたあとから、「朝早く起きることができません。早起きするにはどうすればいいでしょうか」という質問をよくいただくようになりました。その質問に対してはいつも、「夜早く寝ること」と答えるようにしています。

当たり前ですが、早起きをするためには、単純に夜早く寝ることが重要です。私は早起きをするためには夜を制することが大事だと考え、「夜、なるべく早く、いい眠りに入る」ことを心がけるようにしました。具体的には、次の通りです。

- 仕事を終える時間をしっかりと決め、その時間がくればどんなに仕事が残っていても帰る
- 帰ったら、食事をゆっくりとる。食後はぬるめのお風呂につかり、気分をリラックスさせる
- リラックスした格好で読書をして、眠たくなったら寝床に入る

寝る時間を完全に決めてしまうのも手です。例えば、23時〜6時などと決めてしまうわけです。その場合、23時までに寝られなかったときは、自分に罰を与えるなどしてもいいでしょう。

「仕事が遅い人」は、朝の時間を有効活用できない

夜に早く寝ることがなぜ困難なのか。それは**現代は、私たちに夜ふかしをさせようという、ものすごく強い誘惑がある**からです。

夜は誘惑の時間です。飲み屋さんは盛り上がり、「夜のお店」も繁盛しています。家に帰っても、スマホにパソコン（ネット）、テレビなど、魅力のあるメディアが押し寄せてきます。これらの誘惑は、あなたを簡単に離してくれません。

早く寝ることができれば、早起きも必ずできます。その結果として、どんどん「仕事が速い人」になっていくのです。反対に、夜寝るのが遅くて朝なかなか起きられない人は、「仕事が遅い人」ということになります。そのような人は、一番脳がクリアで一番集中できる朝の時間が絶対的に短く、有効活用できないからです。

仕事が速くなる 3 POINT

1. 早く寝るには定時に帰り、家でリラックスし、読書をする
2. 寝る時間を決め、寝られなかったら自分に罰を与える
3. 夜の誘惑にとらわれていると夜早く寝られず、早起きもできない

仕事が速い人になるには、早く寝る

× 仕事が遅い人
まだ飲むぜ
夜はこれから！
夜の誘惑に負けて夜ふかしをしてしまう
◎ 仕事が速い人
22時だからもう寝よう
読書でリラックスできたし♪
BOOK
自分なりのリラックス方法を持ち、早く寝る

09

仕事が速い人は空腹で仕事をする。

仕事が遅い人は満腹で仕事をする。

お腹いっぱいで眠たくなれば、「仕事が遅い人」に

どうしても集中してとり組まなければいけない仕事がある場合や、重要な打ち合わせ、会議などがある場合、私はなるべく直前に食事をしないで臨みます。**食事をしたあとにすぐ仕事をすると、集中力が削がれたり、眠たくなったりする**ことがとても多いからです。特に昼食を食べたあとは鬼門です。言うまでもなく、皆さんにも経験があるでしょう。

食事をすると、消化器官が大きなエネルギーを必要とするため、脳に栄養分が回らなかったり、体の活動をセーブする必要があったりして、眠くなってしまうと聞いたことがあります。確かに、その通りだと日々実感しています。

お腹いっぱいで眠たくなり、集中力が削がれれば、その結果として、「仕事が遅い人」になってしまうことは確実です。昼食をとったあとや間食後に昼寝をすればいいものの、その時間がなければ、眠

食後は、仕事が滞ってしまう

食事をとると、消化器官にエネルギーが使われる
モグ
モグ…
眠気で集中力が削がれれば、「仕事の遅い人」になってしまいます
ムニャ
ムニャ…
脳に栄養分が回らず、眠くなる

仕事が速い人は、空腹時に働く

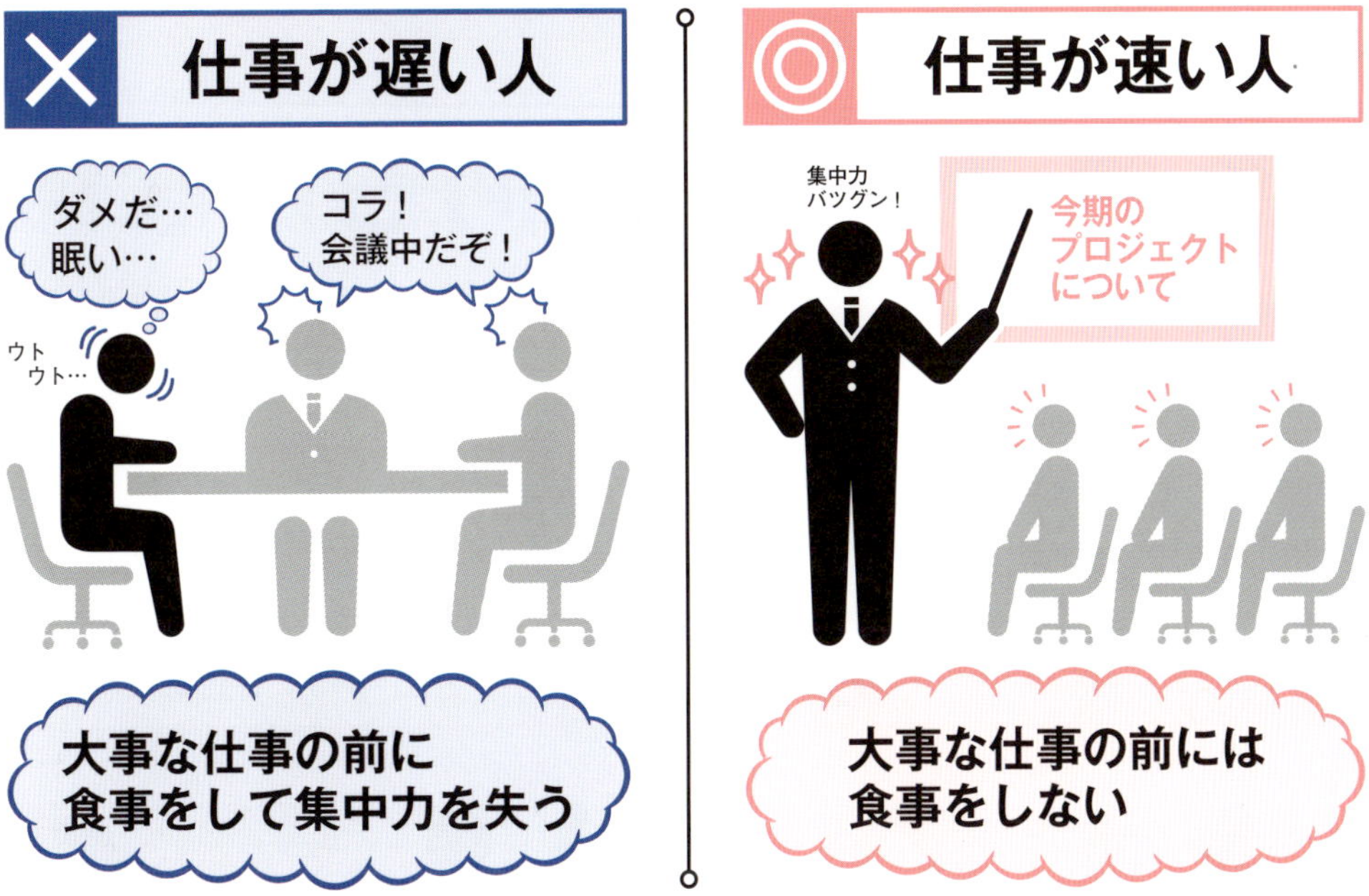
✕ 仕事が遅い人
ダメだ…
眠い…
コラ！
会議中だぞ！
ウト
ウト…
大事な仕事の前に
食事をして集中力を失う
◎ 仕事が速い人
集中力
バツグン！
今期の
プロジェクト
について
大事な仕事の前には
食事をしない

仕事が速くなる 3 POINT

1. 重要な仕事の前には、食事をしない
2. お腹いっぱいでは眠たくなり、集中力が削がれ、仕事が遅くなる
3. 空腹とうまくつき合えば、ダイエットにも効果がある

たいまま仕事を続けなくてはなりません。こんなときは完全に「お腹いっぱいで、仕事が遅い人」に成り下がっています。

空腹と仲良くなって、うまくつき合おう

私はごくたまにですが、夕方くらいまで、何も食べずにすごすことがあります。そんなときは、やはり仕事への集中度が全く違っていて、いい仕事ができ、しかも速く進みます。朝食もとりません。1日1食です。

これらを考えてみても、「空腹の人は、仕事が速い人」ということが言えそうです。

覚悟を持って、「空腹と戦う」ことが大事です。いや、空腹と戦うのではなく、**空腹と仲良くなって、うまくつき合うという心構えが重要**なのかもしれません。

また、空腹とうまくつき合うことができれば、無駄なものを食べなくなるため、ダイエットにも効果があります。**痩せると、体の動きも良くなり、「仕事が速い人」になる**ことができます。

ぜひ皆さんも、空腹とうまくつき合うことを心がけてください。

10

仕事が速い人は 日ごろから体を鍛える。

仕事が遅い人は 日ごろから何もしない。

仕事が速い人になるには、体重をキープする

仕事が遅い人
やる気がありません…
体を鍛えず、体重が増加
⇨やる気がなくなる
仕事が速い人
ファイト！
毎日、運動！
体を鍛えて理想体型を保つ
⇨やる気がみなぎる

体を鍛えている人には、たくさんの仕事をして活躍している人が多い

人は誰でも年齢を重ねるにつれて、体が衰えていきます。特に30代後半をすぎると、新陳代謝も悪くなり、何もせずに放置しておくと体に脂肪がついてとれなくなって、どんどん太ってしまいます。

太ってしまうとさらに動くのが億劫になり、またさらに太る。そしてさまざまな病気を引き起こしてしまいます。メタボリックシンドロームという言葉もよく耳にしますよね。

そうならないために、**日ごろから少しでも体を動かし、老化を遅らせる努力が必要**です。そうすれば、体も精神も健全となり、やる気がみなぎり、その結果「仕事が速い人」になれるでしょう。

私の周りでも、体を鍛えている人は、たくさんの仕事をこなして活躍している人が多いです。**ほぼ毎日走っている方を何人か知っていますが、例外なく仕事もできる人、**というイメージです。

鍛えている人は仕事ができそうなイメージを持たれる

「イメージ」と言いましたが、実はこれが結構大事だったりします。

体を大切にし、**鍛えている人**は痩せて精悍な顔つきをしている人が多くありませんか？　そういった人は**「仕事ができそうだな」というイメージを持たれている場合が多い**のです。

逆に、体を鍛えたり大切にしたりせず、**太っている人**（もちろん、太っている＝体を大切にしていない、ということがすべてに当てはまるわけではありませんが）は、実際にはしっかり仕事ができるのに、**イメージとして「この人は鈍そうだな、仕事も遅そう」と思われてしまいます。**

イメージは怖いものです。「仕事ができそうだな」と思われれば、いろいろと任されますし、逆に「仕事ができなさそうだな」と思われてしまうと、仕事がこない、といった状況になることもあろうかと思います。

その結果として、「仕事が速い人」はより速く、「仕事が遅い人」はより遅くなってしまうのではないでしょうか。

必見！お役立ち COLUMN

体を鍛えれば、集中力の度合いも変わってくる

私は、ある一定の体重を超えると集中力を欠くことが多いと感じることがありました。

あるとき、意識して自分の体で実験をしてみると、体重による仕事への集中度合の変化が確認できたのです。それからは体を鍛えて体重を標準にキープするとともに、ストレッチなどで体をいたわるようにしました。

そうすると、例えば執筆に対する集中度が、明らかに高まりました。

体型のイメージが仕事にも影響する

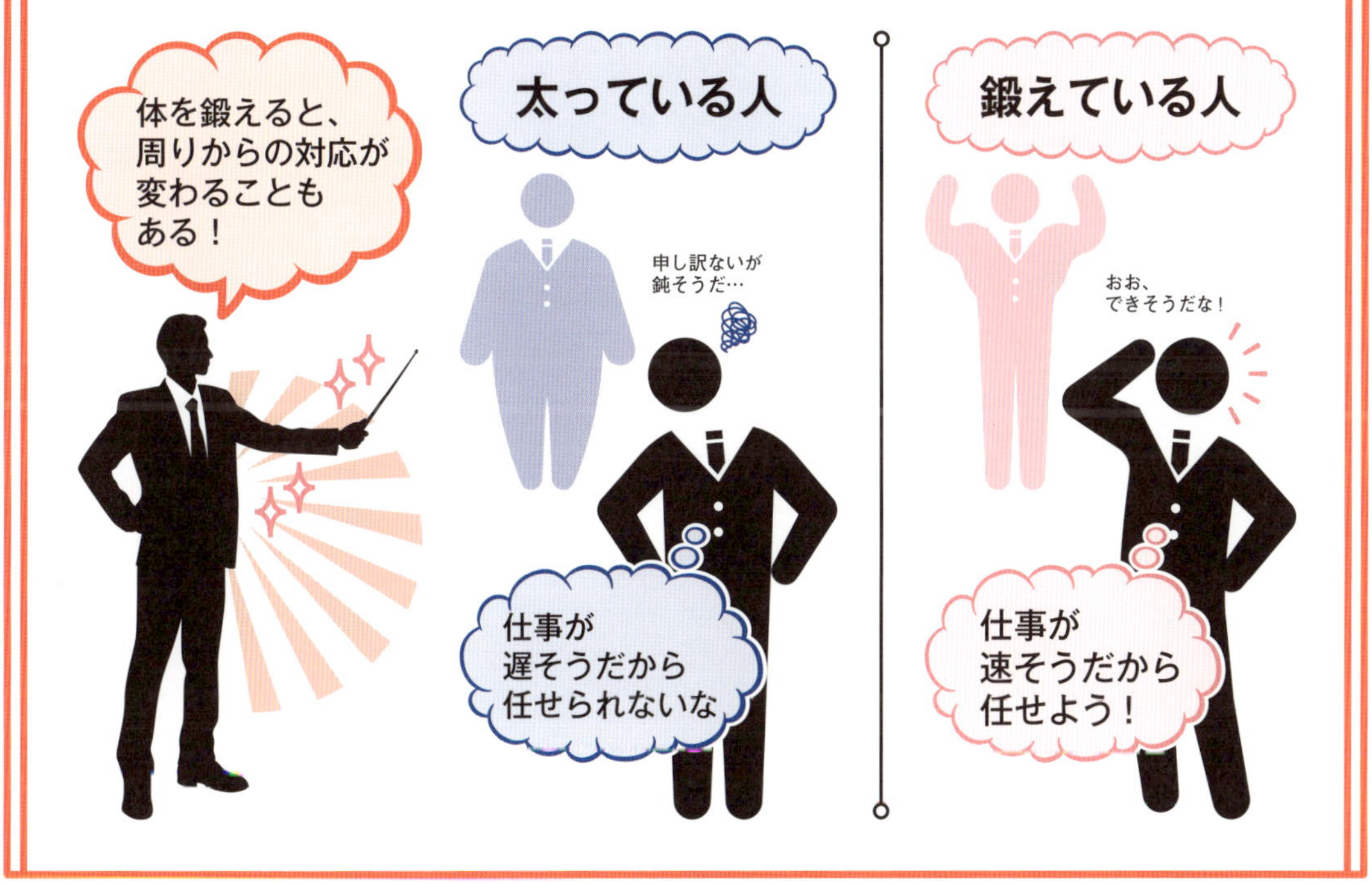
体を鍛えると、周りからの対応が変わることもある！
太っている人
申し訳ないが鈍そうだ…
仕事が遅そうだから任せられないな
鍛えている人
おお、できそうだな！
仕事が速そうだから任せよう！

CHAPTER 02

日常生活編

復習問題

次の［　　　］に当てはまる言葉は、下のA～Gのうちどれか？

Q1 仕事が速い人は よく働き、よく［　　　］！

Q2 仕事が速い人は ［　　　］に仕事に対するエネルギーをチャージする！

Q3 仕事が速い人は ［　　　］に重要な仕事を終わらせる！

Q4 仕事が速い人は 早起きするためにすぐに［　　　］！

Q5 仕事が速い人は ［　　　］を減らすことで集中力を持続させる！

Q6 仕事が速い人は ［　　　］をキープする！

Q7 仕事が速い人は 日ごろから少しでも体を動かし、［　　　］を遅らせる努力をする！

A 食事　B 寝る　C 午前中　D 遊ぶ
E 休日　F 理想体重　G 老化

解答：Q1／D　Q2／E　Q3／C　Q4／B　Q5／A　Q6／F　Q7／G

CHAPTER

03

「仕事が速い人」と
「仕事が遅い人」の習慣

考え方・姿勢編

The Habits of Fast Workers & Slow Workers

11

仕事が速い人は 明確な目標がある。

仕事が遅い人は 目標がない。

目標があれば、日々やることが把握できる

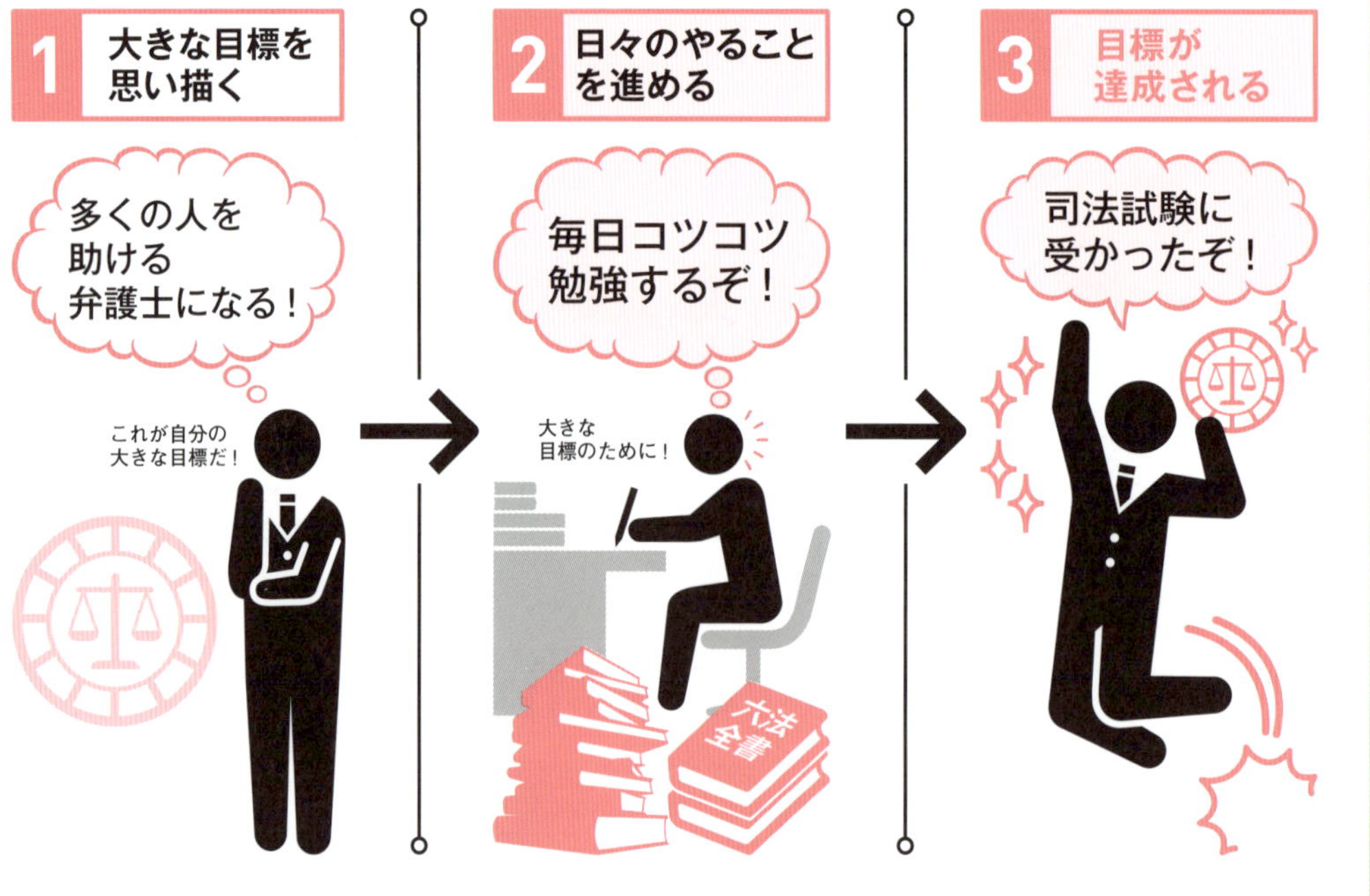
1 大きな目標を思い描く
多くの人を助ける弁護士になる！
これが自分の大きな目標だ！
2 日々のやることを進める
毎日コツコツ勉強するぞ！
大きな目標のために！
六法全書
3 目標が達成される
司法試験に受かったぞ！

大きな目標があると、集中力も高まるため仕事が速くなる

目標をしっかりと持っている人は、その日その日にやるべきことをきちんと把握しています。その日その日にやることが、将来の大きな目標とつながっていることを知っているからです。

言い方を変えると、目標から逆算するから、その日その日にやることが決まってくる、と言うことができます。その結果として、迷いが少なくなり、仕事を速く進めることができるのです。

大きな目標を持っていると、その目標を達成するためにやるべきことが多くなって、「時間がなくて仕方がない」といったような状況になります。つまり、**無駄なことをする時間がなくなり、目標達成に向けて集中力も高まるため、仕事が速くなる**わけです。

反対に、大きな目標を持っていない人は、やるべきことだけは多いのですが、それはただの雑事であり、目標につながるものではあ

りません。「目標を達成するために、時間内に終わらせる」というような気持ちもないため、仕事は当然、遅くなってしまうでしょう。

小さな目標を期限を決めてやれば、「仕事が速い人」になる

ここまでで言ってきた「目標」は、人生をかけた大きな目標のことですが、それだけではなく、**日々小さな目標を持って、それを丹念に、毎日毎日、ひとつひとつ達成していくことも、仕事を速くできるようになる重要な要素**です。

例えば、「〇時までに、これとこれをやる」と決めることも、小さな目標を持つということのひとつです。

小さな目標でもひとつひとつ達成していくためには、やることを絞って期限を決め、速くこなしていかなければなりません。このような方法でずっと仕事を続けていくと、無駄が削がれて、仕事にスピード感が生まれます。

これとは反対に、**小さな目標も設定しない人は、細かいこともおろそかにして、漫然と仕事をするようになり、その結果としてスピードが遅くなります。**

必見！お役立ち COLUMN

仕事が速い人は、先々のことを考えて仕事をする

未来のことを考えて「今日やること」を決めると、仕事が速くなります。私は税理士試験を受験すると決めたとき、「40歳までに税理士としての事業を軌道に乗せる」と目標を定め、目標（未来）から逆算をして勉強の計画を立てました。

勉強時間を確保するためには、定時で帰る必要があります。重要性の低い仕事を削るなどした結果、自然と仕事が速くなったのです。

仕事が速い人は、やるべきことを知っている

仕事が遅い人
えっ？
もう21時？
う～ん、
何をする
べきか…？
目標を設定せず、
漫然と仕事をしている
仕事が速い人
今日も
18時に
帰れるな
しっかり
仕事が
できたぞ！
目標がわかっているので
集中して仕事ができる

12

仕事が速い人は能動的に仕事をする。
仕事が遅い人は受動的に仕事をする。

「指示待ち」をやめ、無駄な仕事を削り、仕事を効率化する

「指示待ち世代」などという言葉があります。今の若い人たちを指して言っていることだと思いますが、私たちの年代も、そう言われていたような気がします。

私もご多分に漏れず、働きはじめた20代前半は、完全に指示待ち族でした。**「自分で仕事を見つけて、自分から進んで何かをやろう」**などという気概は全くありませんでした。仕事もつまらないので、ダラダラと時間を無駄遣いしながら作業をしていたのです。

しかし、そんなダメ社員の私にも転機が訪れました。人生をなんとか変えたいと一念発起して税理士の資格をとろうと決めて、簿記や会社の会計などの勉強をはじめたのです。

その後、社内で経理関係の仕事に就かせてもらった私ですが、それ以降は税理士試験の資格をとるために、学校へ通う時間などを確保したいということもあり、「たく

仕事が速い人は、自ら改善や工夫をする

仕事が遅い人
何をすればいいですか?
○○の書類をつくって!
何も考えてないのか!
言われたことだけやり、工夫も何もしない
仕事が速い人
○○の書類ですが…
このようにつくってみました
おお、しっかり考えてきたな
自分で考えるなどして、無駄な仕事はしない

好きな仕事なら、能動的にやれる

好きな仕事、
将来につながる
仕事をしていれば
仕事は速くなる！
あ、これは
好きな仕事だ！
○○○を
□□□して…
好きな仕事は
速いな！
よし、
終わったぞ！
帰ろう！

さんの仕事を、いかに効率良くやっていくか」にポイントを絞って、仕事にとり組んでいきました。**指示待ちなどはせず、自分で調べたり考えたりして仕事をしていきましたし、無駄だと思える仕事をどんどん削っていきました。**その結果、仕事を定時に終えられるようになったのです。

「好きな仕事をする」で、仕事が速い人に！

本項の「仕事が速い人は能動的に仕事をする、仕事が遅い人は受動的に仕事をする」という話ですが、実は**その仕事が好きか嫌いか、または将来につながるかつながらないかで、「能動的」になるのか「受動的」になるのかが変わってくる**のかもしれません。

やはり好きな仕事は、みんな一生懸命自分で考えてやろうとします。また、自分の将来につながることも、工夫してやっていくのではないでしょうか。

「好きな仕事をする」ということが、仕事を能動的に行うことができるという意味で、「仕事が速い人」になるコツと言えるのかもしれません。

仕事が速くなる 3 POINT

1. 自分で調べたり考えたりして無駄を削れば、仕事は効率化する
2. その仕事が好き、または将来につながるなら、「能動的」になれる
3. 「好きな仕事をする」ことが、「仕事が速い人」になるコツ

13

仕事が速い人は 自分で時給を決める。
仕事が遅い人は 会社に時給を決められる。

仕事が速い人になるには、仕事の量を分析する

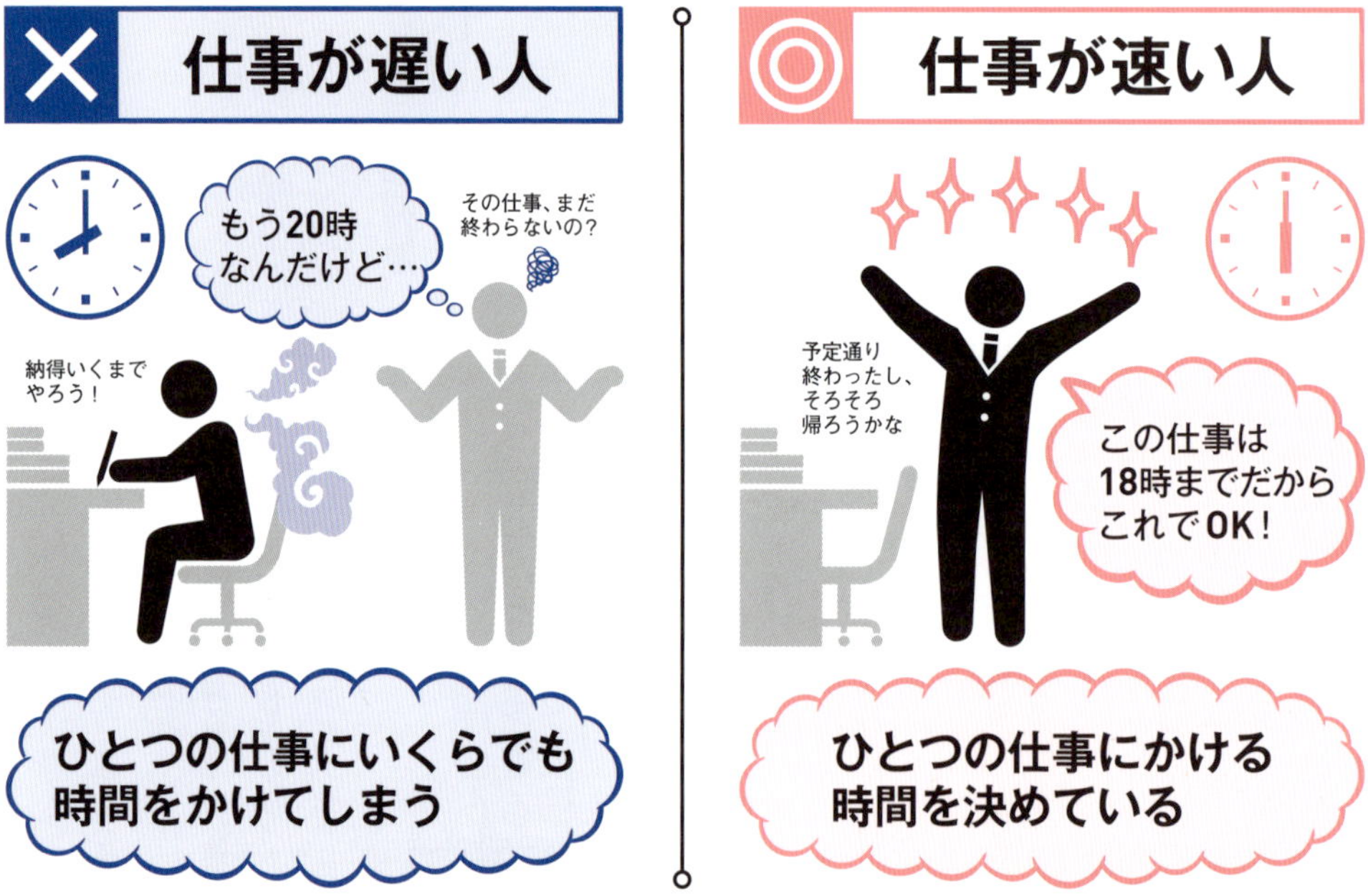
仕事が遅い人
もう20時
なんだけど…
その仕事、まだ
終わらないの?
納得いくまで
やろう!
ひとつの仕事にいくらでも
時間をかけてしまう
仕事が速い人
予定通り
終わったし、
そろそろ
帰ろうかな
この仕事は
18時までだから
これでOK!
ひとつの仕事にかける
時間を決めている

「仕事が速い人」は、ひとつの仕事にかける時間を算出する

時間をいくらでもかけていいから、目いっぱいにひとつひとつの仕事をやっていくというスタイルでは、仕事を速く進めることはできません。**「仕事が速い人」は、ひとつの仕事ごとの量を分析し、それにかけられる時間を算出します。そして、その時間で終わるように計画を立てて、仕事をやっている**はずです。

こういった意味で、自分の時給を決めている人は、「仕事が速い人」と言えるでしょう。反対に、「時給を決めること」をしない人は、ひとつの仕事にどれくらいの時間をかけていいか全く把握できていません。ですから、目の前の仕事をこなしていくだけで、効率が悪くなり、結果として「仕事が遅い人」になってしまうのです。

私は税理士事務所を経営していますが、**契約しているお客様ごとに「時間単価＝時給」を計算しています。**基準となる時間単価より

も実際の時間単価が少ない場合は、仕事を効率化して改善していったり、必要な部分以外の仕事を削ったりしています。それでも時間単価に達しない場合は、値上げのお願いをすることもあります。

会社勤めの人でも、自分の時給を決めることはできる

このような管理は、経営者だからできるのではないか、と思われるかもしれません。しかし、**会社に勤めている人でも、自分の時給を決めて、それに沿って仕事をしていくことは可能**です。給料についてはある程度決められておりコントロールできませんが、時間はコントロールできるはずです。

例えば、会社で働いていて今年の年収が６００万円だとわかったとします。普通に定時で働くとすると、１日８時間、年間２４０日くらいかと思いますので、年間の労働時間は１９２０時間。６００万円÷１９２０時間＝３１２５円となります。つまり、この３１２５円という時給をもとに仕事をしていけばいいわけです。**無駄なサービス残業などをすると、時給がどんどん安くなっていきます。**

必見！お役立ち COLUMN

「短い時間で終わらす」という意識を忘れずに

「仕事を能率良く、速く進める」という意識で仕事をするのと、「いくら時間をかけてもいい」と思いながら仕事をするのとでは、スピードが違います。

時給が1000円の人が1万円を稼ごうと思えば、10時間必要になります。その間は、他に何をすることもできません。

しかし、能率を上げて時給を1万円に高めた人は、余った9時間でさらに能率を上げ、時給を高めるために使えるのです。

年収600万円の場合の時給の決め方

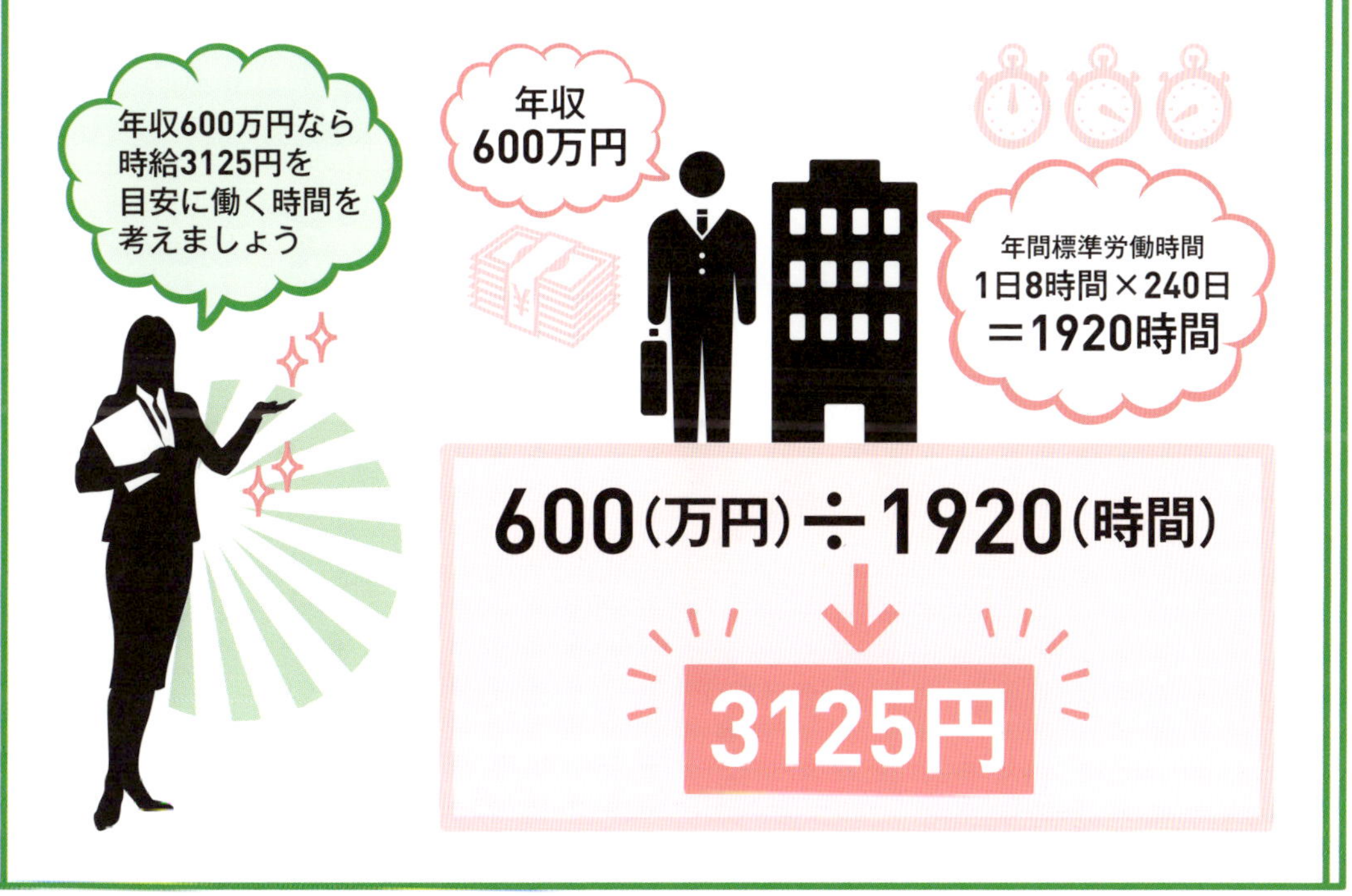
年収600万円なら
時給3125円を
目安に働く時間を
考えましょう
年収
600万円
年間標準労働時間
1日8時間×240日
＝1920時間
600(万円)÷1920(時間)
3125円

14

仕事が速い人は人の言うことを聞かない。
仕事が遅い人は素直によく聞く。

影響されやすい人は言われたことをそのままやってしまう

世の中には、「確固たる自分を持ち、人に影響されない人」と、「あまり自分に自信がなく、人に影響されやすい人」がいます。個人個人の資質や性格、考え方にもよるのでしょうが、普通に学校教育を受けてきて、普通の企業に就職している人に、「人に影響されやすい人」が多いように感じます。

では、「人に影響されやすい人」は、仕事を進めていく上でどのようなマイナス面があるのか、考えていきたいと思います。

まず、どうしても仕事が受け身になってしまうことがあげられます。言われたことをうのみにして、そのまま何も考えずにやってしまうのです。

そのような姿勢で仕事に臨んでいると、**ちょっと状況が変わったときや、方向性が間違っているときなどに、自分自身で対応することが難しくなり、身動きがとれなくなってしまいます。**これでは、時

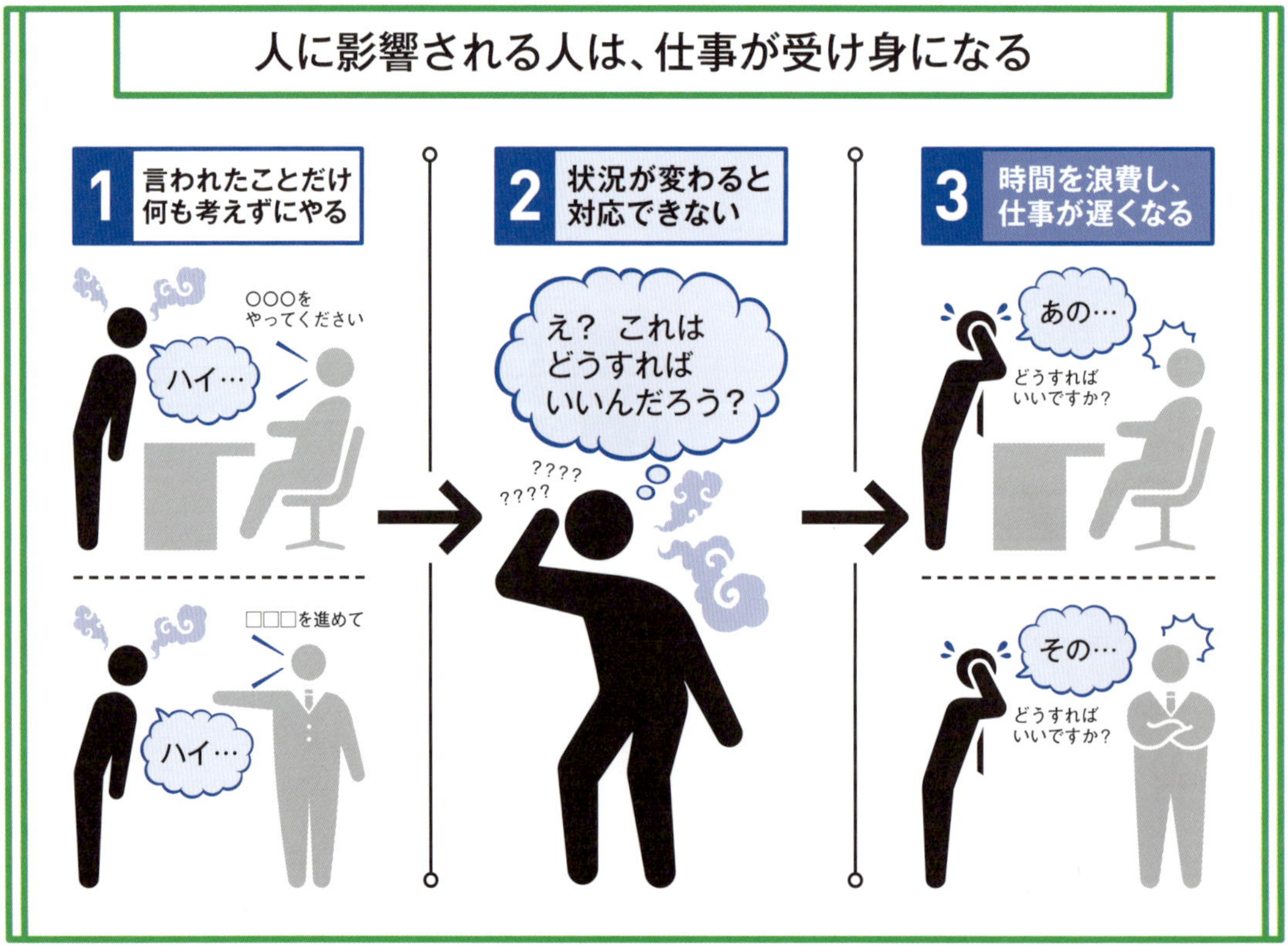
人に影響される人は、仕事が受け身になる
1 言われたことだけ何も考えずにやる
○○○をやってください
ハイ…
□□□を進めて
ハイ…
2 状況が変わると対応できない
え？ これはどうすればいいんだろう？
????
????
3 時間を浪費し、仕事が遅くなる
あの…
どうすればいいですか？
その…
どうすればいいですか？

仕事が速い人は、自分に合ったやり方を考える

× 仕事が遅い人　　**◎ 仕事が速い人**

このやり方、
合わないなぁ
こうして
でも、
こっちの方が
速くできるぞ
こうして

合わないやり方を続け、仕事が滞ってしまう

自分なりの創意工夫で効率良く仕事をする

間を浪費してしまいます。

また、確固たる自分の仕事のやり方を持たず、人の仕事を真似することが多く見受けられます。

もちろん、それがすべて悪いとは言い切れませんが、**「自分に合った仕事のやり方」とか、「自分なりの創意工夫」がなければ、自分を活かすことができません。**

影響されない人は自分からどんどん仕事を進める

反対に、**「人に影響されず自分に自信を持っている人」は、受け身にならず、自分からどんどん仕事を進めていきます。**

そういう人は、どんな仕事をしていくかをしっかりと自分自身で決め、自分に合った仕事のやり方を模索し、その中でいいものを採用しています。すると、**自分を活かして最大限のパフォーマンスを発揮することも可能ですし、無駄を省いて、効率良く仕事を進めていく**ことができます。

ぜひ、人に影響されすぎずに、自分を信じ、自分のやり方で生きていってください。それが「仕事が速い人」「仕事の成果を出せる人」になれるコツです。

仕事が速くなる 3 POINT

1. 世の中には、人に影響される人と、されない人がいる
2. 影響される人は、仕事が受け身になってしまい、自分を活かせない
3. 影響されない人は自分から仕事を進めていき、自分を活かせる

15

仕事が速い人は 周りと違う行動をする。

仕事が遅い人は 周りに合わせる。

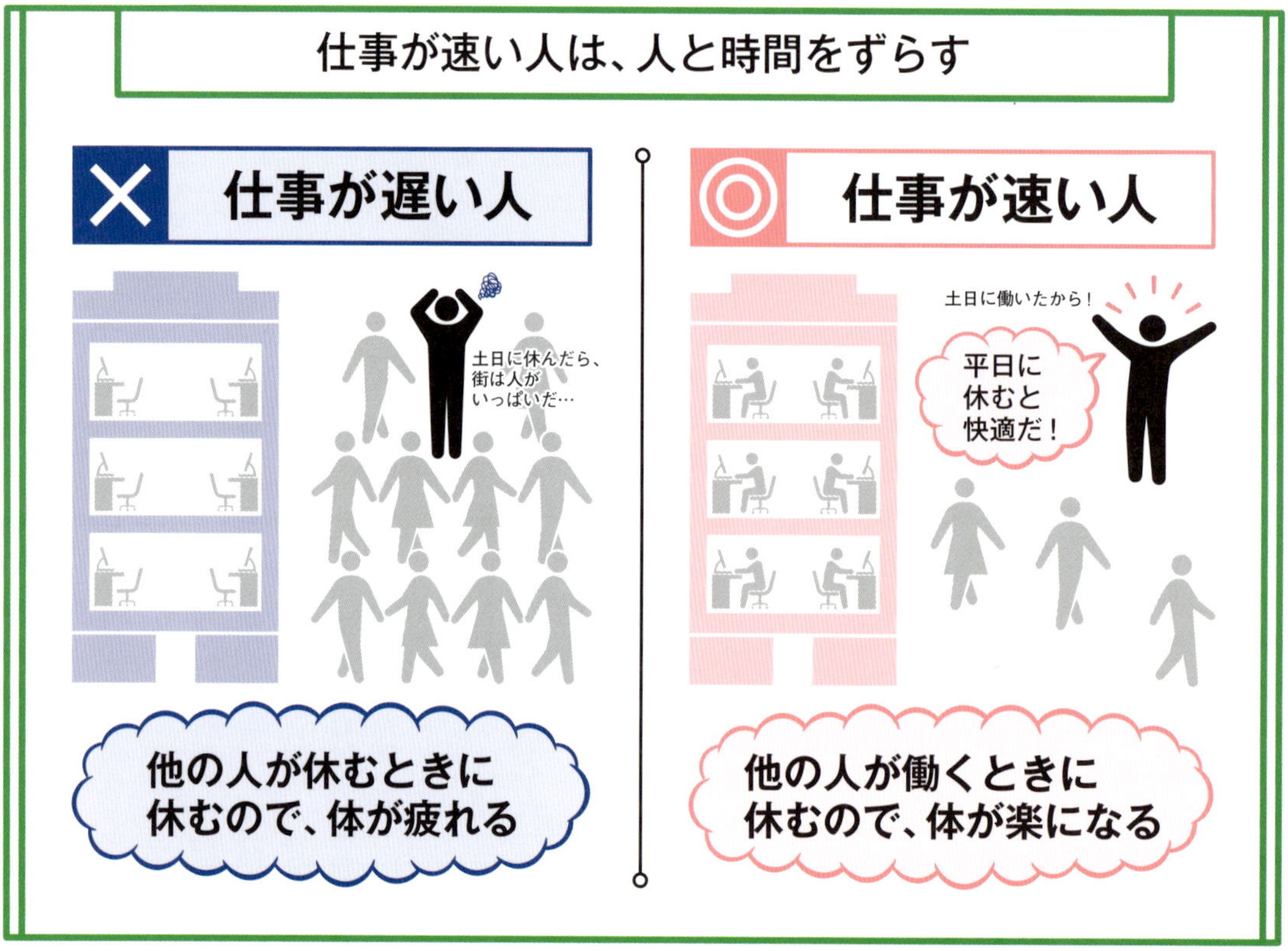
仕事が速い人は、人と時間をずらす
仕事が遅い人
土日に休んだら、街は人がいっぱいだ…
他の人が休むときに休むので、体が疲れる
仕事が速い人
土日に働いたから！
平日に休むと快適だ！
他の人が働くときに休むので、体が楽になる

「仕事が遅い人」は、何も考えずに他人と同じ行動をとる

突然ですが、あなたは会社が休みのとき、例えばお盆や正月などに会社へ通い、仕事をしたことがありますか？ 私はあります。

お盆の時期は、通勤電車がガラガラです。いつもなら、電車内でもみくちゃにされて萎えてしまうところですが、このときは快適な通勤で、仕事を開始するときにも気分はスッキリ、集中できました。また、電話や会議、会社の同僚から質問されることもないので、仕事がかなり捗りました。

これは何も、休日出勤や残業、早出などを推奨している、というわけではなく、**「他の人となるべく違う行動をとれ」ということを言っている**のです。

普通の人や「仕事が遅い人」は、何も考えずに、他の人と同じ行動をとります。例えば、お正月やゴールデンウィーク、お盆などの時期に一斉に休み、混んでいるところに行き、疲れて帰ってきます。

休み明けにはまた激混みの通勤電車に乗って会社に通い、仕事の邪魔をするたくさんのものに囲まれながら働きます。

これでは、**疲れてしまい、ストレスもたまるため、「仕事が遅い人」になってしまいます**よね。

「仕事が速い人」は、意識して人と違う行動をとる

一方、**「仕事が速い人」は、意識して人と違う行動をとります。**なるべく休みをずらしたりして、空いている時期に旅行などへ行き、みんなが休んでいるときに集中して仕事をしたりしています。

会社勤めであれば、人と違う行動をとるのは容易ではないかもしれません。しかし、このような**「人と少しずらす」という気持ちを持っていなければ、大勢の人の中から抜け出すことはできません。**

自分でしっかりと意識を持ち、なるべく人と違う行動をするように意識する、それだけでも相当変わってくるはずです。早朝出勤する、外回りなら車の移動は渋滞時を避ける、昼食を13時をすぎてからとるなど、いろいろ工夫ができるはずです。

必見！お役立ち COLUMN

常に意識して、「人と違う行動」をとってきた

私は、今の仕事（税理士業、執筆など）をはじめてから、常に「人と違う行動をしよう」と意識してやってきました。

通勤電車には乗りませんし、長めの休みはハイシーズンに当たらないようにしています。だからこそ、集中して仕事を速くこなすことができ、そのおかげで時間が生まれているのです。

その結果、多くの仕事に恵まれ、それをこなすこともできているのではないかと思います。

サラリーマンでもできる「違う行動のとり方」

1 早朝出勤する

おはようございます
今日も6時に出勤！

2 車移動の外回りは渋滞時を避ける

○○市は15時から渋滞するから…
14時までに回ろう
3時間あれば大丈夫だな

3 昼食は13時以降にとる

あの定食屋はまだやってる
ランチに行こう

CHAPTER 03

考え方・姿勢編

復習問題

次の［　　　］に当てはまる言葉は、下のA～Gのうちどれか？

Q1 仕事が速い人は 大きな［　　　］と小さな［　　　］と持ち、達成しようと常に努力している！ ※同じ言葉が入ります

Q2 仕事が速い人は［　　　］のことを考えて仕事をする！

Q3 仕事が速い人は［　　　］に改善や工夫をする！

Q4 仕事が速い人は 無駄な残業をすると［　　　］が下がることを知っている！

Q5 仕事が速い人は「［　　　］で終わらす」という意識を忘れない！

Q6 仕事が速い人は［　　　］を持って仕事に臨む！

Q7 仕事が速い人は 他の人と［　　　］する時間を避けて行動する！

A 自信　B 目標　C 時給　D 積極的
E 短い時間　F 競合　G 先々

解答：Q1／B　Q2／G　Q3／D　Q4／C　Q5／E　Q6／A　Q7／F

CHAPTER 04

「仕事が速い人」と
「仕事が遅い人」の習慣

スケジュール管理編

The Habits of Fast Workers & Slow Workers

16

仕事が速い人は タスクごとに時間管理をする。

仕事が遅い人は タスク管理だけをしている。

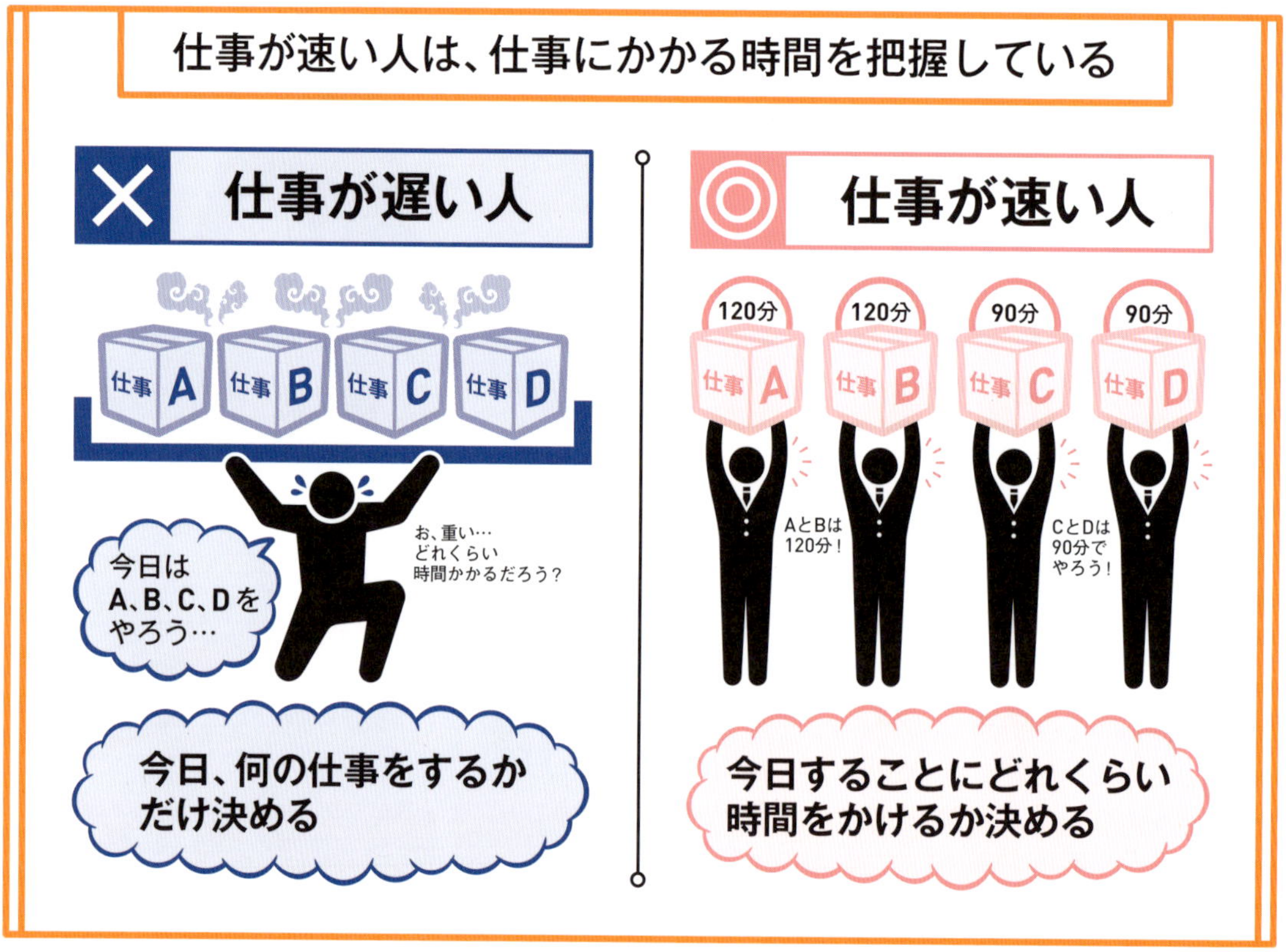
仕事が速い人は、仕事にかかる時間を把握している
× 仕事が遅い人
仕事A
仕事B
仕事C
仕事D
今日は A、B、C、Dを やろう…
お、重い… どれくらい 時間かかるだろう？
今日、何の仕事をするか だけ決める
◎ 仕事が速い人
120分
120分
90分
90分
仕事A
仕事B
仕事C
仕事D
AとBは 120分！
CとDは 90分で やろう！
今日することにどれくらい 時間をかけるか決める

「今日やること」は自分が決めた時間内で必ずやる

仕事を進めていく上で、「タスク管理」は非常に重要です。「何時何分にこれをやって、その15分後にこれをやって……」というように、あまりにも厳密に決める必要はありませんが、**「今日はこれとこれを、どれくらいの時間でやるか」くらいのタスク管理は、仕事を進めていく上で大変有効**です。

「今日やること」として、いくつかの項目を紙に書いたり、パソコンやスマホ上のツールなどで管理をするだけでは不十分です。**ひとつひとつのタスクにかける時間を把握できなければ、「今日やること」をいくつできるのかわかりませんし、終わりの時間なども把握できません。**「今日やること」は自分が決めた時間内で必ずやり、次の日はまた同じようにこなしていく。そうやっていくことで、期限内に目標が達成できるのです。

タスクごとの時間管理方法ですが、私は、パソコンでエクセルを

使って行っています。インターネットで「エクセル　タスク管理」などのキーワードを入れて検索すると、いくつかのタスク管理シートが出てきます。そこから自分に合いそうなもの、使いやすそうなものを探して使ってみてください。

「その日やるべきこと」だけ行うことで、終わる時間を設定できる

さて、タスクごとの時間をキッチリ管理することで得られる利点が2つあります。

ひとつ目は、**「その日やるべきこと」を多く設定しすぎてその日のうちに終わらない、ということがなくなる**ことです。タスクごとの時間を把握して、その日に終えられるように「今日やること」を設定できるようになります。

2つ目は、**終わりの時間を設定できる**ことです。仕事を終える時間がわからないと、常に深夜まで仕事をしなければならない、といった状態に陥ります。これでは仕事の能率が落ち、「仕事が遅い人」になってしまいます。終わりの時間が設定できれば、「自分のために何かをする時間」も確保できるようになります。

必見！お役立ち COLUMN

まずは、定時で仕事を終えることを目標にする

「仕事の終わりの時刻を決める」ことができれば、生活習慣が改善され、早く寝て早く起きるという、「仕事が速い人」の条件を満たすことができます。

また、仕事の終わりの時刻を決めておくと、「それまでに必ずやらなければならない！」という意識が働いて、集中して仕事をこなせるようになります。

まずは、「定時で仕事を終える」ことを目標としてみてください。

タスクごとの時間管理をするメリット

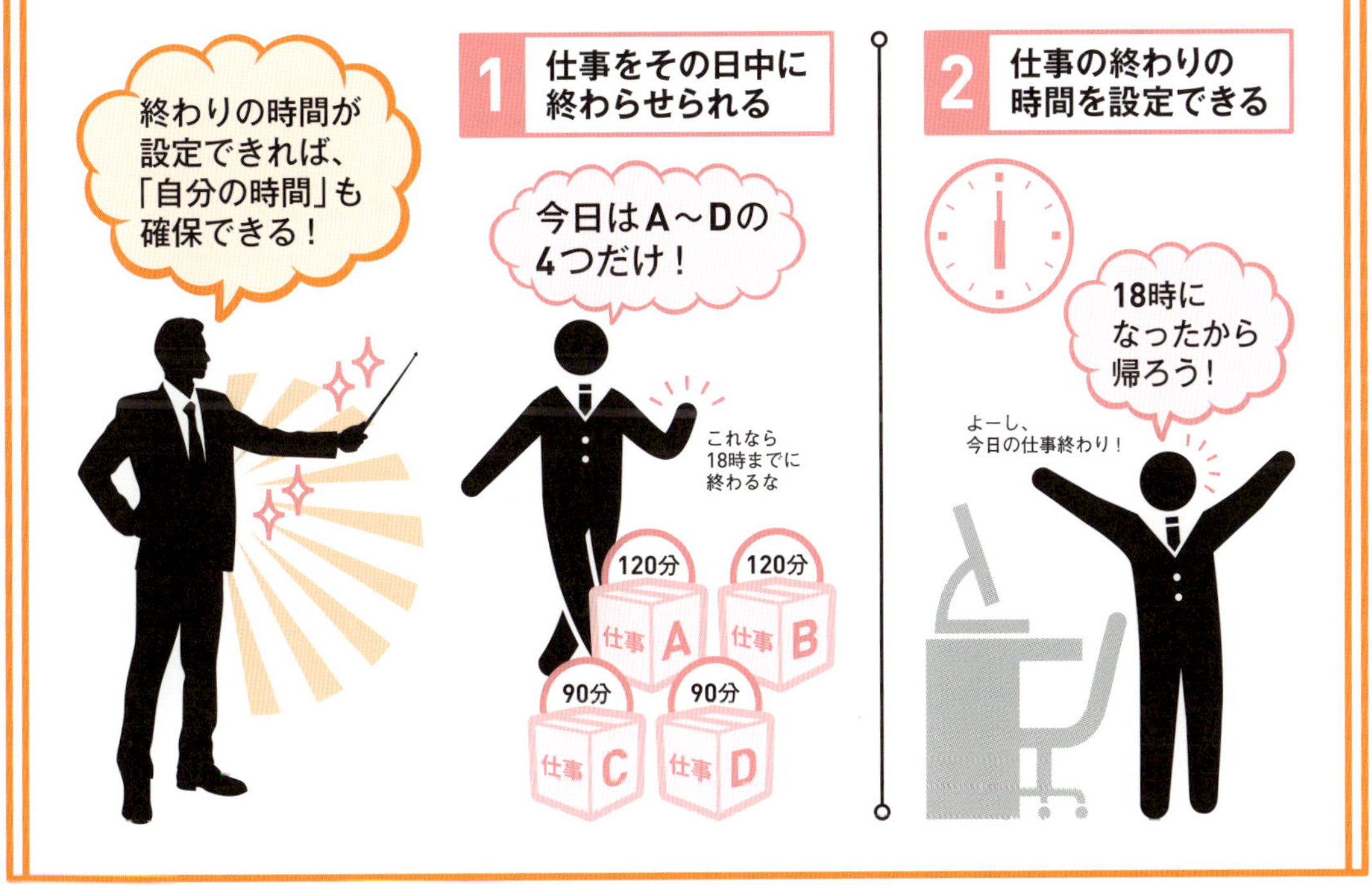
終わりの時間が設定できれば、「自分の時間」も確保できる！
1 仕事をその日中に終わらせられる
今日はA～Dの4つだけ！
これなら18時までに終わるな
120分 仕事 A
120分 仕事 B
90分 仕事 C
90分 仕事 D
2 仕事の終わりの時間を設定できる
18時になったから帰ろう！
よーし、今日の仕事終わり！

CHAPTER 04

17

The Habits of Fast Workers & Slow Workers

仕事が速い人は ひとつのことを長くやる。

仕事が遅い人は ひとつのことを細かく分ける。

複数の仕事を少しずつやるのは非効率

この項では、複数の仕事をどのように計画して実行していけばいいかを考えてみたいと思います。

「仕事が遅い人」は仕事をいくつか抱えたときに、どれも大事だからと、それぞれの仕事を1日に少しずつやろうとしてしまいます。

しかし、これはとても非効率です。実際には当初予定した時間では、半分くらいしかこなせません。

例えば2時間でできる仕事があったとすると、それを4日間に分けて、毎日30分ずつやる。しかし、そんなときは大体30分で終わらせるつもりが集中力を欠いて、35分とか40分かかったりします。

さらに、ひとつの仕事が終わって安心して、他のこと（何かを読む、ネットに走るなど）をしてしまい、次の仕事をはじめるまでに20分かかることなどもあります。

結局、2時間の仕事が結局は（トータルすると）4時間かかるなんてこともザラにあるはずです。

仕事を少しずつやるのは非効率

2時間の仕事か…
今日は半分にしよう
少しずつでいいや
90分かかった…
休憩して次の仕事…
半分しかやってないのに…
仕事を分けると
集中力を欠いて、
トータルで倍ほどの
時間がかかります

仕事が速い人は、ひとつの仕事を長めにやる

× 仕事が遅い人

たくさんのことを
短時間ずつやってしまう

◎ 仕事が速い人

少ないことを
長時間かけて丁寧にやる

だから基本的には、**ひとつの仕事はある程度長めの時間をとって、続けてやっていく方が効率的**です。

「仕事が速い人」は、ひとつのことを長めにやる

仕事をぶつ切りにして毎日積み重ねるか、ある程度長い時間かけて一気にやってしまうか、というのは、仕事の種類によっても違いますし、人によっても違います。完全にどちらがいいという話でもないので、自分がやりやすいやり方で計画を立ててみてください。

ただ、ある程度はひとつのことを長めに続けた方が、前述したように集中力が違ってくるため、「仕事が速くなる」ことは事実です。

「仕事が速い人」は、それをよく知っていて、**1日にたくさんの仕事を詰め込むのではなく、ある程度の時間を確保し、ひとつのことを長めにやっています。**

「仕事が遅い人」は、何でもかんでもぶつ切りにしてしまい、短い時間でたくさんのことをやろうとします。その結果として集中力が切れてしまい、結局最終的には時間が多くかかってしまった、ということになりがちです。

仕事が速くなる 3 POINT

1. 複数の仕事を1日に少しずつやるのは非効率
2. ひとつの仕事を長めの時間で続けてやる方が効率的
3. ぶつ切りでやるか、一気にやるかは、仕事の種類によって計画する

18

仕事が速い人は ひとつの仕事に全力を傾ける。

仕事が遅い人は 仕事を並行してやる。

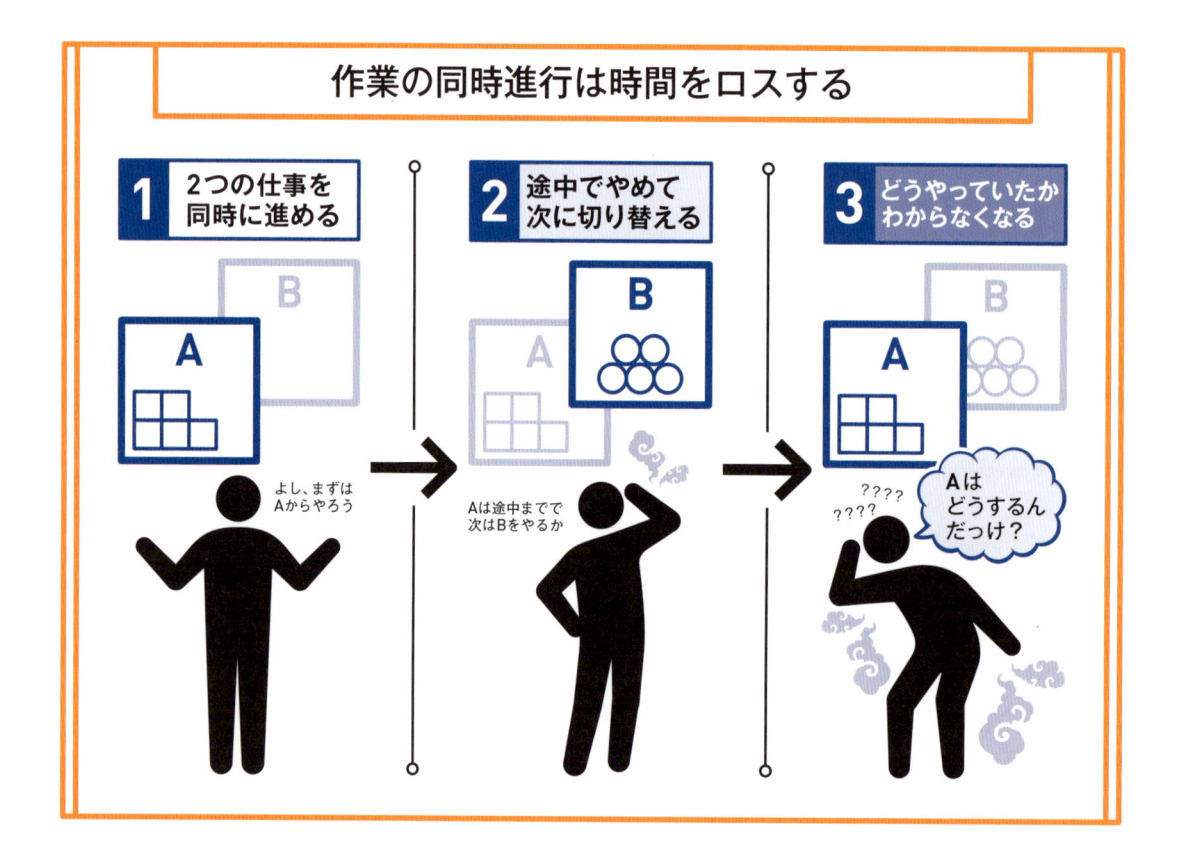

作業の同時進行は時間をロスする

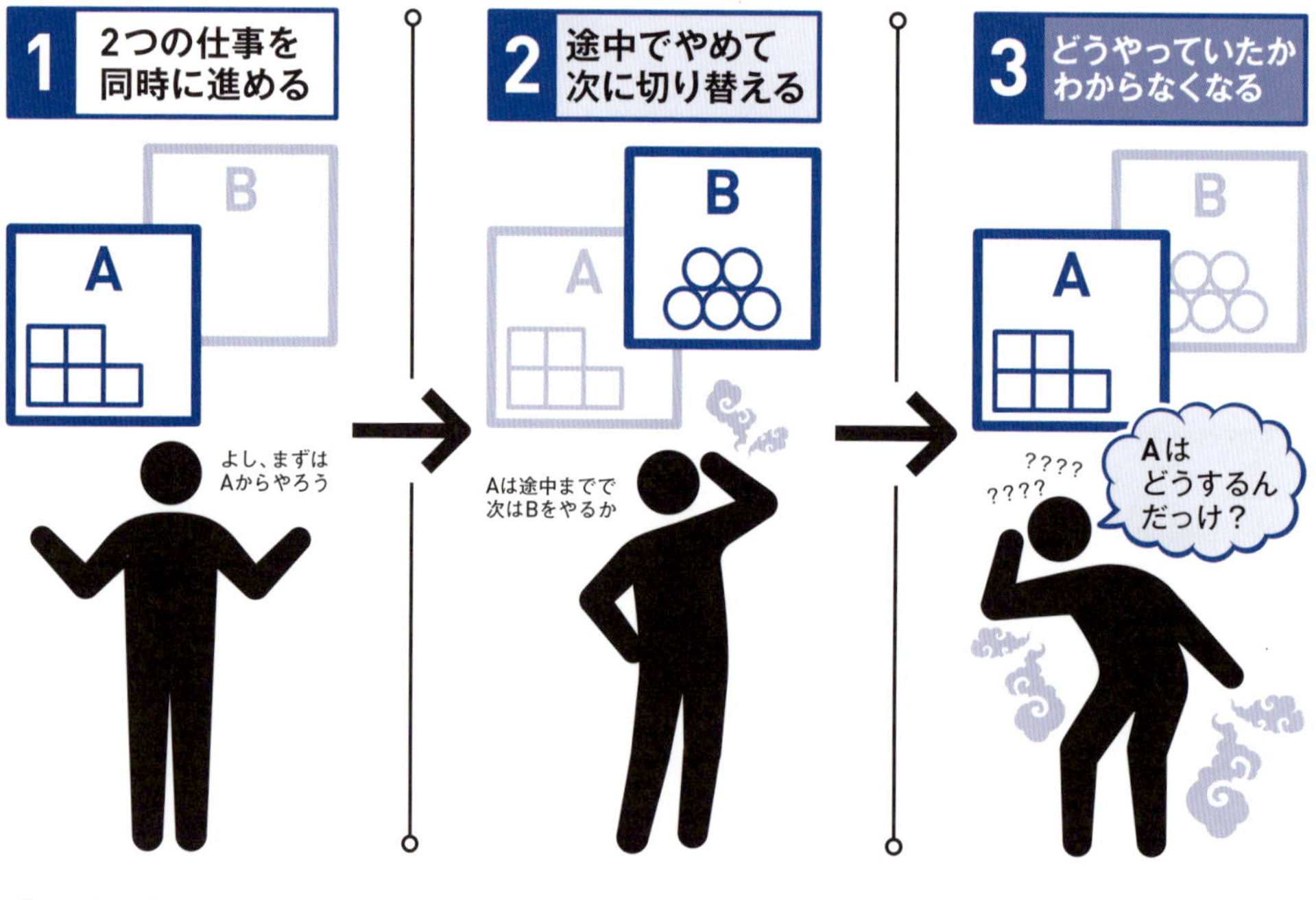
1 2つの仕事を同時に進める
B
A
よし、まずはAからやろう
2 途中でやめて次に切り替える
B
A
Aは途中までで次はBをやるか
3 どうやっていたかわからなくなる
B
A
????
????
Aはどうするんだっけ？

仕事を切り替える際の「思い出す」過程が、仕事を遅らせる

この見出しを見て、「え?・」と思われた方は多いのではないかと思います。むしろ、逆なのではないか、と。

しかし、逆ではありません。

「仕事が速い人」は、ひとつの仕事に集中して全力を傾けてとり組みます。

もちろん、ひとつのことに集中していると、例えばパソコンやネットワークのトラブルがあったり、その仕事における待ち時間などがあったりして、時間がかかってしまうことがあります。そういうときに限っては、並行して他の仕事を進めるべきです。

しかし、はじめから2つ以上のことを並行して進めようとすると、大体失敗してしまいます。

なぜなら、2つ以上のことを同時に進めようとすると、どうしても作業を切り替えたり戻したりするときに、思い出さなければいけないことが出てくるからです。「ど

うすればいいんだっけ？」と考えている時間は、積み重ねるとバカにできません。**他方の仕事に戻ったときの「立ち上がり」に時間がかかってしまう**のです。

ひとつずつ集中して、丹念にやっていくしかない

私も以前は「同時並行で進める人」でした。

どうしても、仕事を速く処理したい、早く終わらせたいなどと思い、いくつかの仕事を同時に進めようとしていました。しかし、それをやっていると、どうしてもロスが出てきてしまいます。

それが、エクセルによるタスク管理を心がけ（コラム参照）、ひとつの仕事に集中するようになってからは、仕事を丁寧にこなしていくことができています。おかげで仕事が速くなり、さらに正確にできるようになりました。

目標を掲げ、それに到達するためには、たくさんのことをこなしていかなければいけません。しかし、いっぺんにやろうとしても、たいしたことはできません。ですから、**ひとつずつ集中して、丹念にやっていくしかない**のです。

必見！お役立ち COLUMN

ひとつの仕事に集中できるタスクシートを使う

私が使っているエクセルのタスク管理シートは、ひとつひとつの仕事に対して、開始時刻と終了時刻を入力すると、自動的に作業時間を計算してくれます。

また、仕事の行う順番を修正したときは、並べ替えもマクロで瞬時にしてくれます。さらに2つ以上の仕事を同じ時間帯に記入できないような設定になっています。これによって、ひとつひとつの作業を丹念に、順番にやっていく習慣がつきました。

仕事を速くやるには、ひとつの仕事に集中する

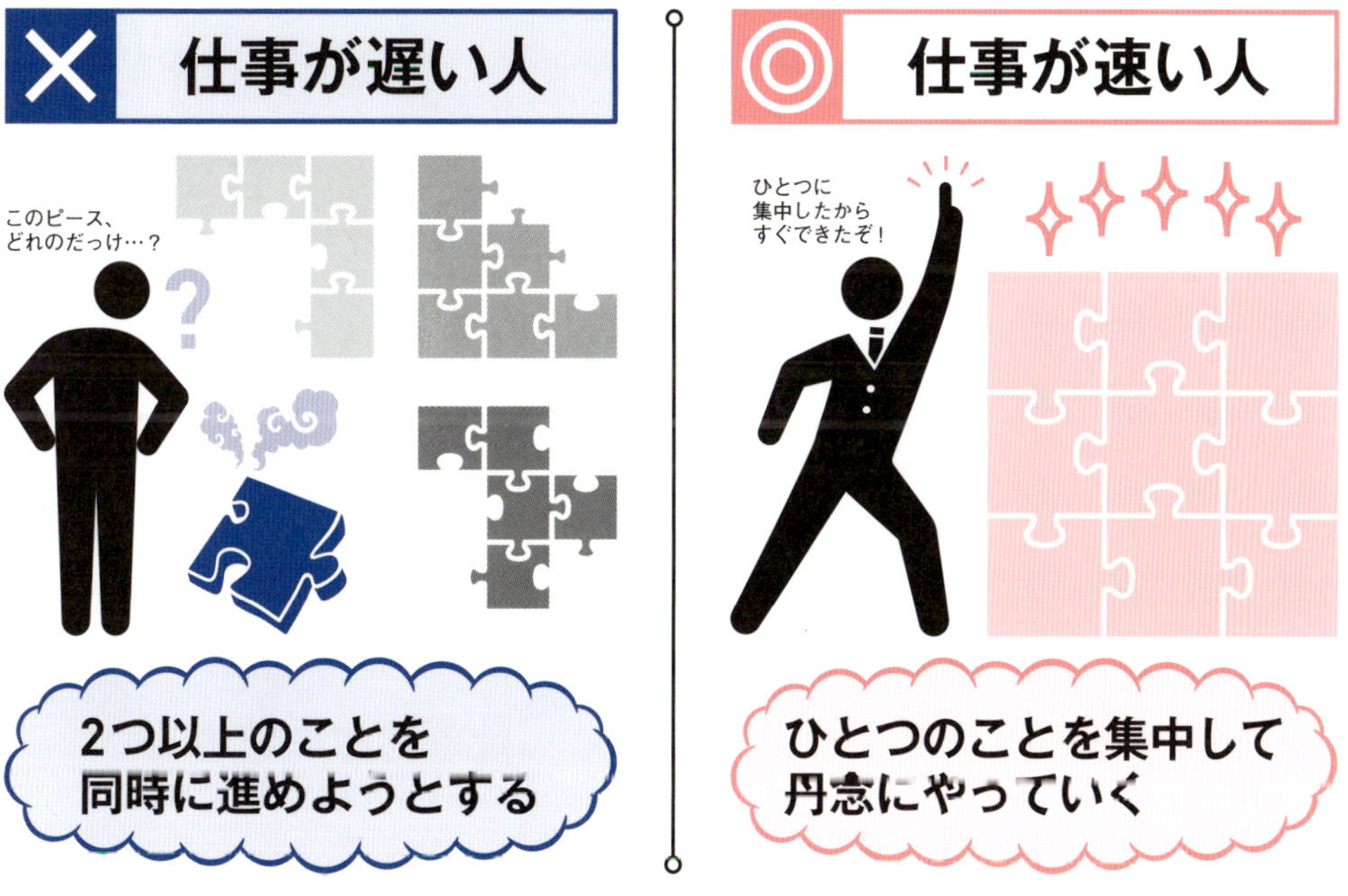
×
仕事が遅い人
このピース、どれのだっけ…？
2つ以上のことを同時に進めようとする
◎
仕事が速い人
ひとつに集中したからすぐできたぞ！
ひとつのことを集中して丹念にやっていく

19

仕事が速い人は「コツコツ」やることもする。

仕事が遅い人は一気にしかやらない。

仕事によって一気にやったり、分割したりする

「仕事を進めるスケジュール」については、その対象となる仕事の性質を考えて、やりやすい方法で決める必要があります。

例えば、締め切りが決まっているプロジェクトなどは、できるところから進めて一気にやってしまう方がいいでしょう。また、毎日の積み重ねが重要となってくる仕事とか、1日にそれほど多く進めることのできない仕事については、毎日毎日、例えば30分ずつ行う方がいいです。

一般に、ひとつの仕事は120分間続けた方が効率は良くなります。しかし、**毎日の積み重ねが将来につながるような仕事は、分割したスケジュールを立てましょう。**

集中したいときは、ホテルなどにこもってやることも

毎日少しずつやっている仕事で

仕事が速い人は、仕事の進め方を変える

✕ 仕事が遅い人
これも一気に！
え〜い、こっちも一気に！
仕事 A
B 仕事
どの仕事も同じようなペースで進める
◎ 仕事が速い人
これは今日中
こっちは1週間でやればいい
仕事 A
ゆっくりで大丈夫だ
B 仕事
仕事ごとに進めるペースを変えていく

仕事の性質ごとに、やりやすいパターンで行う

一気に片付けた方が
いい仕事と、
毎日積み重ねた方が
いい仕事がある！
少しずつやる仕事
毎朝30分、
オフィスで
原稿を1本書く
出勤したら
まずはこの仕事！
一気にやる仕事
50本の原稿の
見直しは
1日でやろう
ホテルに泊まって
一気にやろう！

も、一気にやらなければいけない、もしくはある一定の時期になったら一気にやった方がいい、という場合もよくあります。

そうなったときは、毎日少しずつやることにこだわりすぎず、一気にやってしまうことも、例外的に必要です。

私の場合、本書のような原稿を書く仕事は、それにあたる場合が多いです。

基本的には毎日、朝の30分くらいでひとつのまとまりの原稿を書き、それを毎日毎日続けています。

そうやっていったん書き終えたら、あとは見直しと編集、書き足しなどの作業に入りますが、その作業は一気にやってしまいます。

また、毎日積み重ねている原稿がなかなか進まないといったときも、一気にやってしまうことがあります。

一気に原稿を書いたり、編集をしたりするとき、私はたまにですが、ホテルなどにこもってやることがあります。

近くのホテルに1泊予約し、チェックインしてからは、他のことは何もせず、一気にその原稿を書いてしまいます。

そのために定宿にしているホテルがあります。

仕事が速くなる 3 POINT

1. 締め切りのある仕事は、できるところから一気にやる
2. 毎日の積み重ねが将来につながる仕事は、分割して行う
3. 分割する仕事でも、場合によっては一気にやる

20

仕事が速い人は 仕事の順番を決めない。
仕事が遅い人は 順番をきっちり決める。

仕事が速い人は、やりやすい仕事からはじめる
仕事が遅い人
Aから順に
やっていけば
いいや
A 仕事
B 仕事
C 仕事
D 仕事
仕事の順番を決め、
その通りにやろうとする
仕事が速い人
これはやりやすい！
Cからやろう！
A 仕事
B 仕事
C 仕事
D 仕事
仕事の手順を決めず、
やりやすいものからやる

仕事の順番はガチガチに決めない！

タイトルを見て「それって、逆じゃないの？」と思われる人も多いかと思います。しかし、実際は仕事の順番をガチガチに決めてしまわない方が、臨機応変に対応することが可能となり、「仕事が速い人」になれます。

その日にやることを決めたら、『必ずその日までに終わらせるべき仕事』をまずやっていく必要はありますが、それ以外の、**『必ずしもその日にやらなくても大丈夫な仕事』は、とりかかりやすいものからどんどんこなしていく方が仕事が早く進みます。**

あらかじめ仕事の順番を決めておくと、その日の体調や気分、気の乗り具合などに左右され、どうしても「やりたくないな」などと思ってしまう仕事をしなければならない場合があります。無理にそんな仕事をしてもうまくいかないし、それが後々まで影響してしまい、仕事がうまく進まない、といったこともよくあります。そういった仕事は、許される範囲であと回しにしていきましょう。

　このときに肝心なのは、**「この仕事、やりたくないなあ」「どうやって完成させようかな」などと思う時間をなくす**こと。そのときの気分に応じてやりやすい仕事からどんどんこなしていくことで、それを解消することができます。

今の時代は、ある程度の流動性や柔軟性が大切

「あらかじめ、順番を決めておかない」。これは仕事を進めるときに限ったことではなく、今の世の中では必要な考え方なのではないかと思います。

　現状の世界は、予測不能です。イノベーションが起こって、これまでの考え方と180度変えなければならないこともあるでしょう。そんな世の中で生きていくには、**何かあったときに自分を簡単に変えることができる臨機応変さが必要**となります。

　従来のように、ガチガチに凝り固まらず、**ある程度の流動性や柔軟性を持ちながら進んでいくべき**でしょう。

仕事が速くなる 3 POINT

1. とりかかりやすい仕事からはじめた方が仕事が速く進む
2. 気分に応じてやりやすい仕事からこなせば、悩まなくてすむ
3. 予測不能な世の中では、臨機応変さが重要

仕事を順番通りにするのがダメな理由

「気乗りしない仕事」を先にやると、あとの仕事に影響します
仕事 A
仕事 B
仕事 C
仕事 D
仕事 E
仕事 A
終わらないからBに進めないよ…
Aの仕事は面倒くさいな…むずかしいな…
進めてもらわないと困るんだが！
BもCもDもEもまだなのか！

21

仕事が速い人は 緊急でない仕事を必ずやる。

仕事が遅い人は 緊急の仕事を優先する。

将来を良くする仕事が「重要である」仕事

仕事の優先順位のつけ方を考えてみましょう。

仕事を重要度と緊急度によって4象限に分けるという考え方があります。これによると仕事は、

①重要かつ緊急な仕事
②重要だが、緊急でない仕事
③重要でないが、緊急な仕事
④重要でも緊急でもない仕事

に分けることができます。

「緊急なのか、緊急でないのか」を分けるのは、そうむずかしいことではありません。**早くやらなければ今後に影響が出てしまうようなことが「緊急である」ことは、誰にとってもわかりやすい**からです。

問題は、「重要なのか、重要でないのか」を分けることです。

いろいろな考え方があると思いますが、私は、**将来を良くするためにする仕事が「重要である」仕事で、それを行っても将来につながらない仕事が「重要でない」仕事**だと考えています。

仕事を「重要度」と「緊急度」で分ける

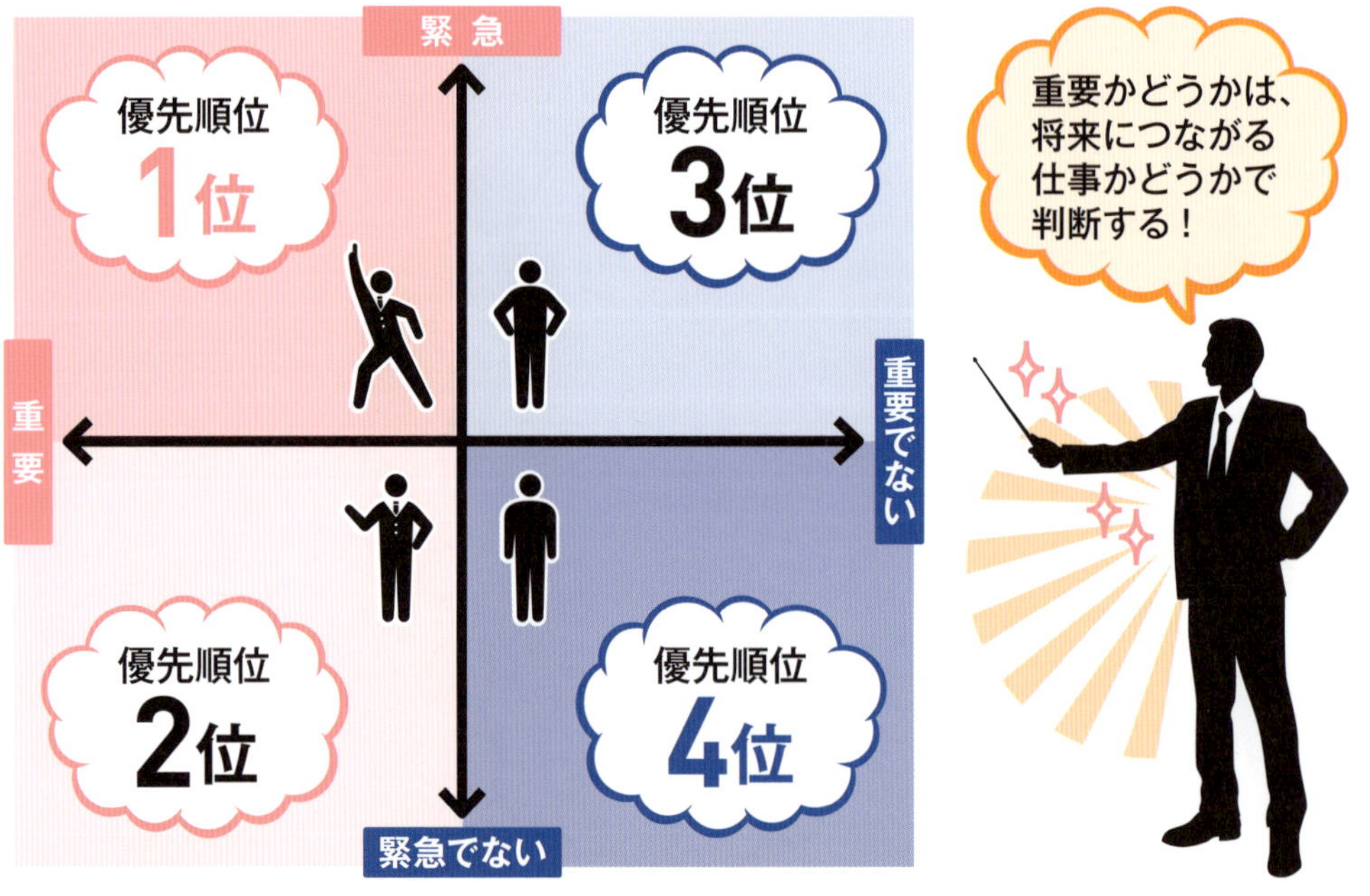
緊急
緊急でない
重要
重要でない
優先順位 1位
優先順位 2位
優先順位 3位
優先順位 4位
重要かどうかは、将来につながる仕事かどうかで判断する！

仕事が速い人は、重要な仕事を優先する

仕事が遅い人
ハイ、
わかりました
すぐ
やります
これを
やってくれない？
重要でないが
緊急な仕事を優先する
仕事が速い人
今はこれを
やっているので、
あとでやりますね
すみません！
これを
やってくれない？
重要だが緊急でない仕事を
する時間を確保する

「重要だが、緊急でない仕事」をする時間を確保しよう

さて、もしもあなたの仕事を前記の4つに分類できたら、どこから手をつければいいでしょうか。

まず、①の「重要かつ緊急な仕事」をやっていくということに異論はないでしょう。その次に何をするかが、「仕事が速い人」と「遅い人」を分けてしまいます。

そして③よりも、②の**「重要だが、緊急でない仕事」**を優先してください。私はそのように心がけることで、ずいぶん仕事が速く進むようになりました。

③の「重要でないが、緊急な仕事」というのは、結構多いものです。その大部分が、上司や取引先など、あなたよりも立場の強い人からお願いされる仕事のはずですが、このような仕事ばかりこなしていると、「重要であるが、緊急でない仕事」ができなくなります。

そういう仕事をやる時間を確保するためには、**「天引き」の考え方が必要**です。例えば、午後1時〜3時はそのような仕事しかやらないなどと決めるのです。そうしなければ、「重要でない緊急な仕事」に時間を奪われてしまいます。

仕事が速くなる 3 POINT

1. 「重要な仕事」かどうかは、将来につながるかどうかで考える
2. 「緊急で重要な仕事」の次に、「緊急でないが重要な仕事」を
3. 「緊急でないが重要な仕事」をする時間を天引きする

22

仕事が速い人は 中途半端な時間を好む。
仕事が遅い人は ちょうどいい時間を好む。

仕事が速い人は、アポの時間を複数出す

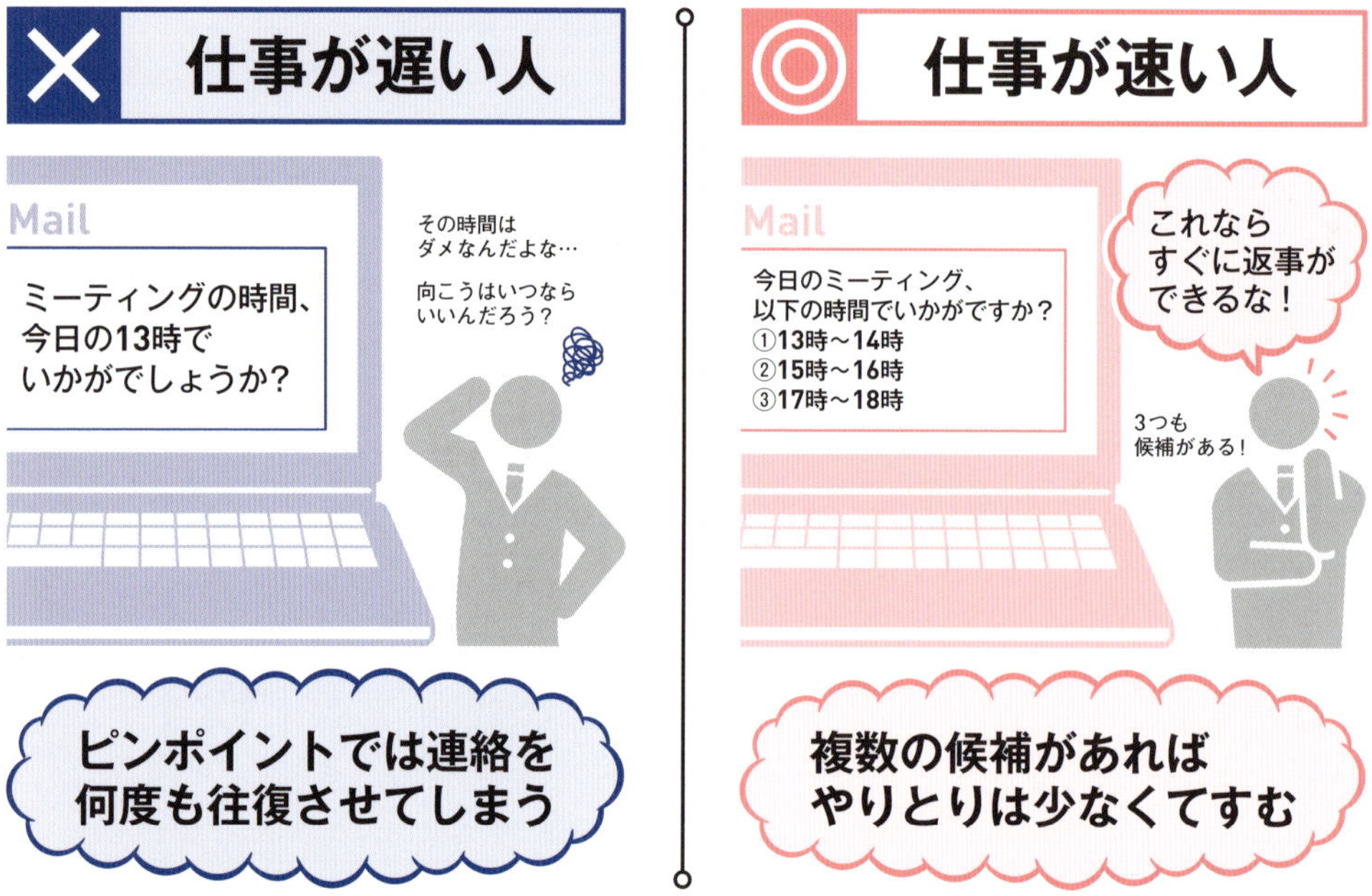
仕事が遅い人
Mail
ミーティングの時間、
今日の13時で
いかがでしょうか？
その時間は
ダメなんだよな…
向こうはいつなら
いいんだろう？
ピンポイントでは連絡を
何度も往復させてしまう
仕事が速い人
Mail
今日のミーティング、
以下の時間でいかがですか？
①13時～14時
②15時～16時
③17時～18時
これなら
すぐに返事が
できるな！
3つも
候補がある！
複数の候補があれば
やりとりは少なくてすむ

アポイントの日時は複数から選んでもらう

仕事でアポイントやミーティングの日程を決めるときなどにも、「仕事が速い人」と「仕事が遅い人」の差が表れます。

もし素早くアポイントの日時を決めたいのであれば、当然電話をしてみることです。しかし電話ができないときや相手が電話に出ないときは、メールなどでアポイントを決めると思います。

そういったときは、**こちらから3つくらいの日時を指定し、そこから選んでもらいましょう。**

たまに、ピンポイントで決まった日時を指定し、「この日時は空いていますか？」などというメールをする人がいます。しかし、これだと相手の都合が悪い場合、「じゃあ、この日時で……」などと、メールを何往復もさせてしまいます。これでは効率が悪いですよね。

なるべく素早く、そして相手に手間をかけさせずにアポイントの時間等を決めるようにしましょう。

ミーティングは終了時刻をしっかり決める

続いて、ミーティングなどの時間を設定する場合についても考えてみましょう。

社内ミーティングなどで一番大事なことは、「終わりの時刻を決めておくこと」です。

ミーティングを設定する人が、そのミーティングでは「どれくらいの時間がかかるのか」ということをあらかじめ考え、なるべく短い時間を設定することが望ましいです。

開始時刻は遅刻者対策のために、「9時15分」開始、というように、15分刻み、もしくは10分刻みの時刻を設定してください。ピッタリな時刻を避けることで、相手に強く印象づけます。

また、多くの人が集まる会議などは、長くなってしまうようなこともあります。それを避けるためには、必ず「終了時刻」をしっかりと決めてください。

ミーティングの時間を短くしたとしても、ちゃんと終わります。もし議題が残ってしまうのであれば、それはあとで関係する人だけで議論すればいいのです。

必見！お役立ち COLUMN

プライベートでも、待ち合わせは時間をずらそう

初めての人と待ち合わせする際も、社内ミーティングのように、待ち合わせ時刻は17時45分とか10時15分など、15分刻みで決めるのがいいでしょう。

そうすると、待ち合わせ場所に人が多すぎてわからない、などということを避けることができます。

18時から店を予約しているような場合でも、17時50分に待ち合わせをするなど、ピッタリな時刻を避けることです。

社内ミーティングは終わりの時間を決めておく

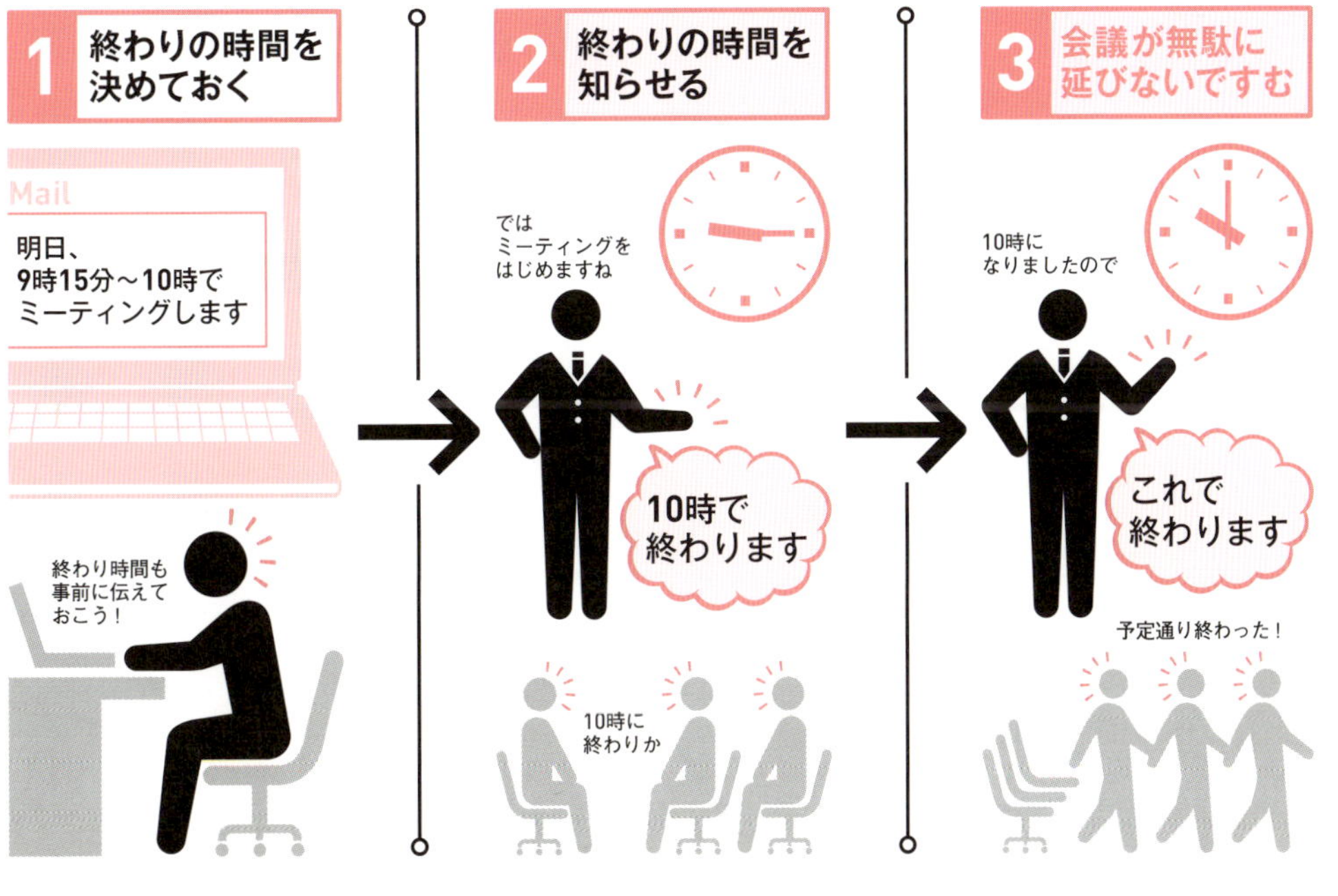
1 終わりの時間を決めておく
Mail
明日、
9時15分～10時で
ミーティングします
終わり時間も
事前に伝えて
おこう！
2 終わりの時間を知らせる
では
ミーティングを
はじめますね
10時で
終わります
10時に
終わりか
3 会議が無駄に延びないですむ
10時に
なりましたので
これで
終わります
予定通り終わった！

CHAPTER 04

スケジュール管理編

復習問題

次の□に当てはまる言葉は、下のA～Gのうちどれか？

Q1 仕事が速い人は ひとつの□が
どのくらいの時間でできるか把握している！

Q2 仕事が速い人は ひとつのタスクを□に片づける！

Q3 仕事が速い人は 落ち着いて□タスクを
こなしていく！

Q4 仕事が速い人は 仕事の□を見極められる！

Q5 仕事が速い人は □に仕事の進め方を
変えていける！

Q6 仕事が速い人は 「重要だが、□でない仕事」を
大事にする！

Q7 仕事が速い人は 待ち合わせでもミーティングでも
□を設定する！

A ひとつずつ　B 一気　C 性質　D タスク
E 効率のいい時間　F 臨機応変　G 緊急

解答：Q1／D　Q2／B　Q3／A　Q4／C　Q5／F　Q6／G　Q7／E

CHAPTER

05

「仕事が速い人」と
「仕事が遅い人」の習慣

仕事攻略編

The Habits of Fast Workers & Slow Workers

仕事が速い人は なかなかとりかからない。
仕事が遅い人は すぐにとりかかる。

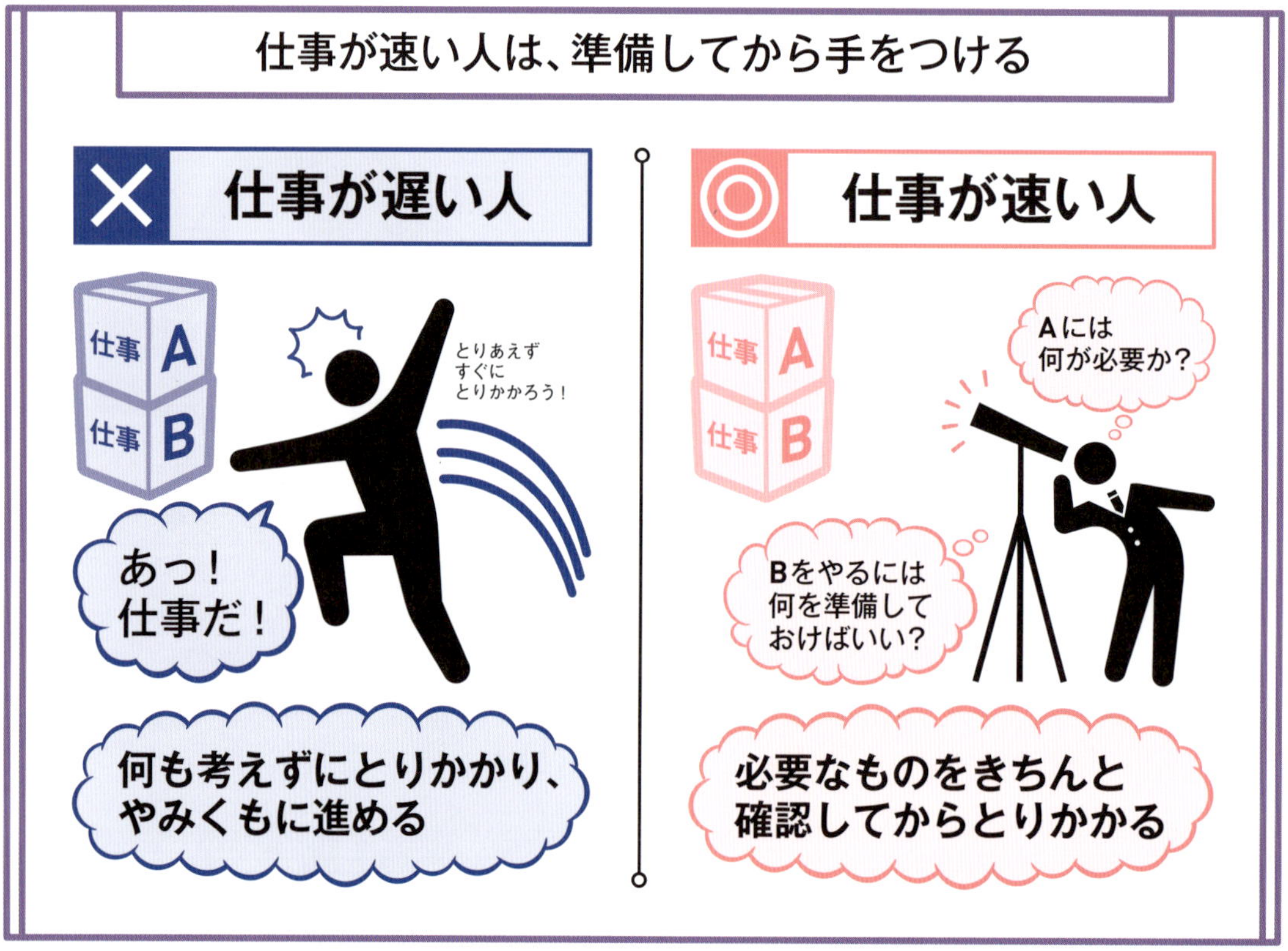
仕事が速い人は、準備してから手をつける
仕事が遅い人
仕事A
仕事B
とりあえずすぐにとりかかろう!
あっ!仕事だ!
何も考えずにとりかかり、やみくもに進める
仕事が速い人
仕事A
仕事B
Aには何が必要か?
Bをやるには何を準備しておけばいい?
必要なものをきちんと確認してからとりかかる

仕事にとりかかる前の「準備」が一番大事

この見出しを見て、「間違っているのではないか」と思った人も多いと思います。すぐに仕事にとりかかることが、仕事を速く進めるコツだと思っている人が多いようです。

世間でよく言われているのは、「仕事は、手をつけるまでが一番大変。思い切って手をつけてしまえば、あとは流れるように進んでいく」などといった言葉です。

もちろん、これはある意味、正しいと言えます。面倒な仕事をするとき、着手するのに時間がかかってしまっても、着手してしまえばあとはスムースに仕事が流れる、といったことを経験した人も多いのではないかと思います。

私も、よくそういう経験をしています。しかし、最終的に仕事を速く、正確に終わらせるためには、「準備」をしっかりしておいた方がいいのではないでしょうか。というよりもむしろ、**仕事にとりかか**

る前の「準備」が、仕事をスムースに進めるために一番大事なことなのです。

仕事道具を用意し、仕事のやり方や順番を決めて記録する

仕事にとりかかる前の「準備」には2つのものがあります。

ひとつ目は、仕事に使う道具を用意したり、掃除や整理整頓をしたりして、仕事がやりやすい環境に整えるという「準備」です。

もうひとつは、仕事のやり方や順番（手順）を決めて記録しておくというような「準備」です。

どちらも、「仕事の段どりを着手する前に用意しておく」ということに変わりありません。

ある仕事をやるときに、とにかくすぐにとりかかることを一度やめてみましょう。

仕事を速く進めるためには、『順番』が重要な場合があります。また、道具（ツール）や環境を整える必要があります。

これらを、仕事にとりかかる前に準備することを怠ってはいけません。

仕事の準備や段どりが、成功のカギになるのです。

必見！お役立ち COLUMN

結果は考えずに、最善のことをやっていく

仕事では、結果を気にするより「今できることの中で最善のものは何か」を考えてやっていくことが大切です。

なぜなら、結果がどうなるかは、いくら考えても結局はわからないからです。

例えば、営業で最善の結果が「契約をとること」であれば、「契約がとれるのかな、とれないのかな」と悩むのではなく、契約をとるために最善のことをやっていくようにしましょう。

仕事にとりかかる前の準備

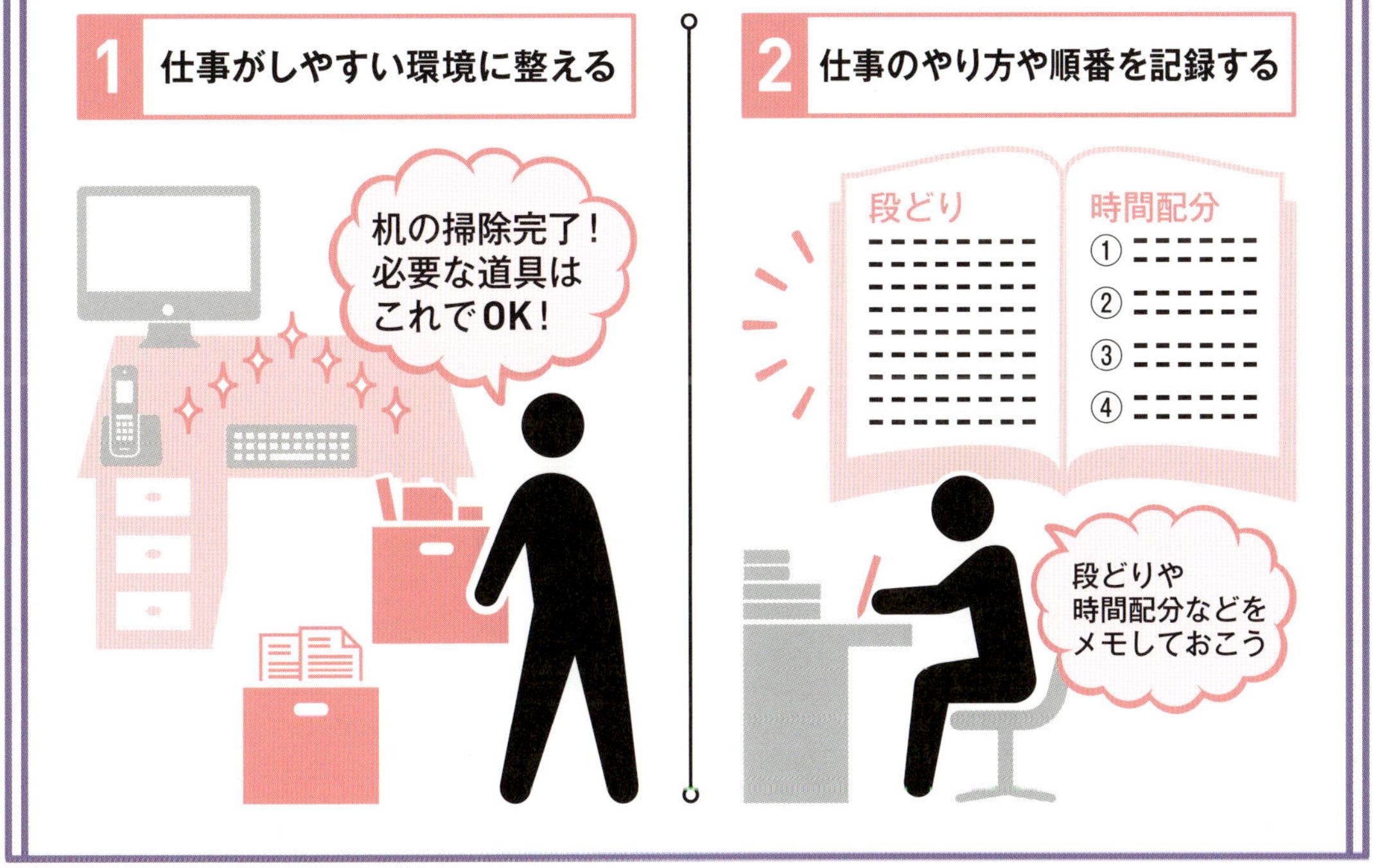
1 仕事がしやすい環境に整える
机の掃除完了！必要な道具はこれでOK！
2 仕事のやり方や順番を記録する
段どり
時間配分
①
②
③
④
段どりや時間配分などをメモしておこう

CHAPTER 05 The Habits of Fast Workers & Slow Workers

24

仕事が速い人は やらない仕事を決める。

仕事が遅い人は やることだけを決める。

やることではなく、やらないことをリストにする

普通は仕事をする際、「やることリスト」「TODOリスト」などをつくってとりかかります。それをつぶしていくのは快感を伴いますし、仕事のやる気にもつながります。しかし、「やるべきことリスト」ではなく、ぜひ**「やらないことリスト」をつくってほしい**のです。

「やらないことリスト」とは、その名の通り、自分がついついやってしまうことの中で、必要のないことや、それをやめることで大きな時間を生み出すことができることを列挙していくシートです。エクセルなどの表計算シートに、ただひとつひとつ、列挙していけばいいでしょう。

私が「やらないことリスト」に列挙していることはたくさんあるのですが、例をあげると、

・ネットサーフィンをしない
・無目的に動画を見ない
・読みたくない本を読まない（流し読みで十分）

仕事が速い人は、「やらないことリスト」をつくる

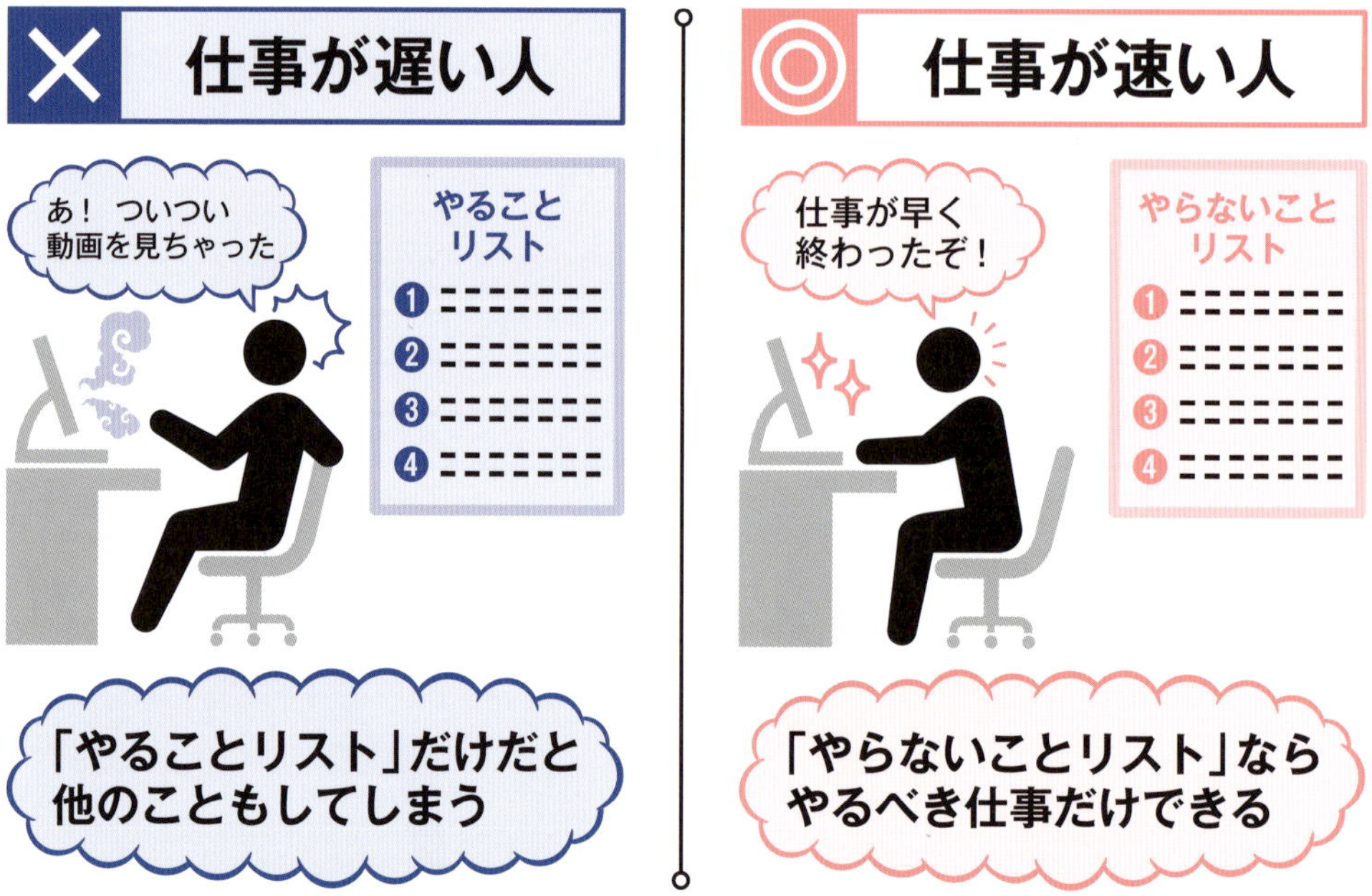

仕事が遅い人
あ！ ついつい動画を見ちゃった
やること リスト
①
②
③
④
「やることリスト」だけだと他のこともしてしまう
仕事が速い人
仕事が早く終わったぞ！
やらないこと リスト
①
②
③
④
「やらないことリスト」ならやるべき仕事だけできる

毎日「やらないことリスト」を見返す効用

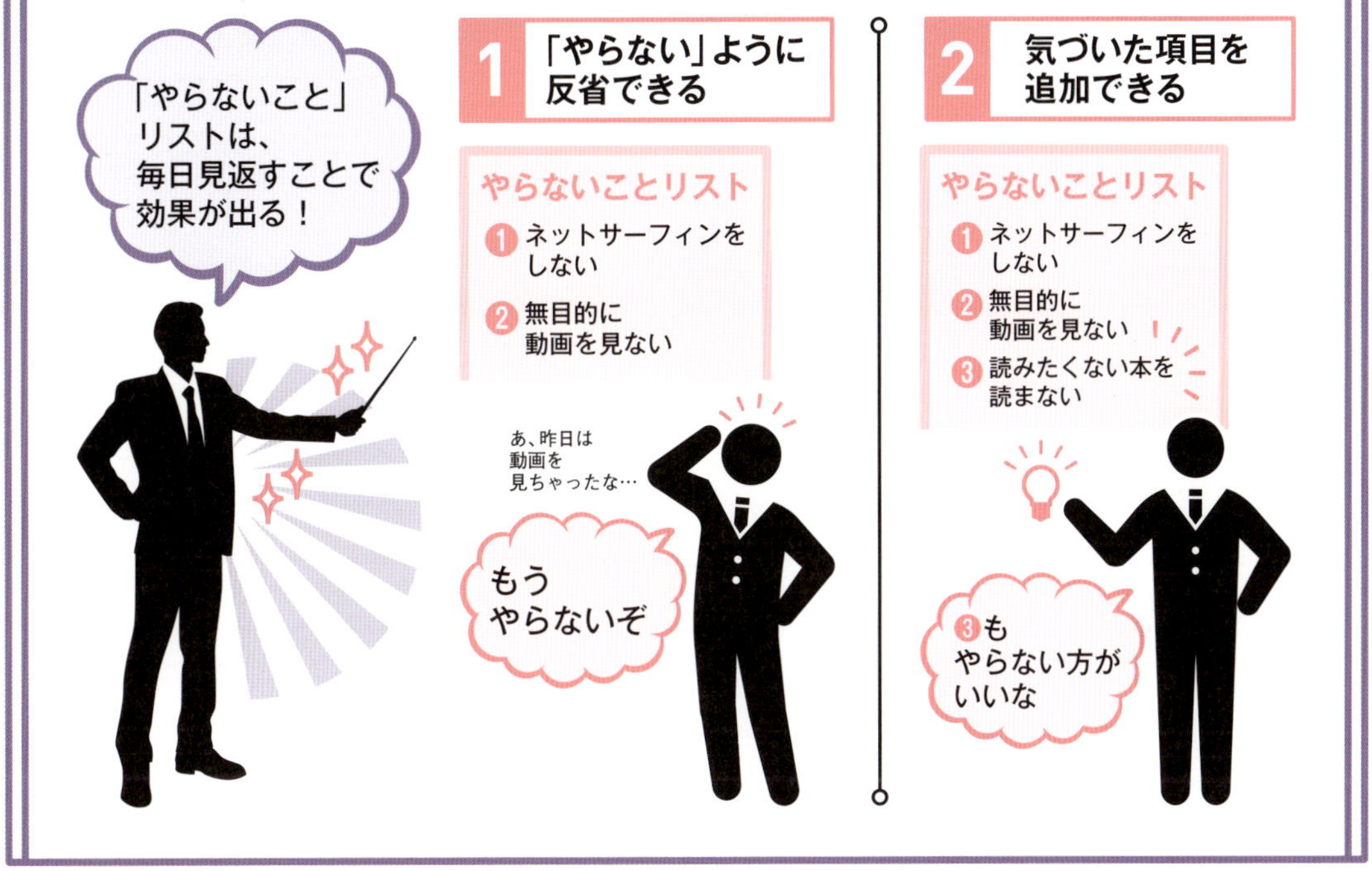
「やらないこと」リストは、毎日見返すことで効果が出る！
1 「やらない」ように反省できる
やらないことリスト
1 ネットサーフィンをしない
2 無目的に動画を見ない
あ、昨日は動画を見ちゃったな…
もうやらないぞ
2 気づいた項目を追加できる
やらないことリスト
1 ネットサーフィンをしない
2 無目的に動画を見ない
3 読みたくない本を読まない
3も やらない方がいいな

などなど、気づいたら**ついつい時間をかけてしまっていることや、健康やお金の節約につながることを記入**しています。

「やらないこと」は項目を追加し、毎日見返す

この「やらないことシート」ですが、運用にあたって、大事なことは次の2つです。

- **「やらないことシート」に、どんどん項目を追加していくこと**
- **「やらないことシート」を毎日見返すこと**

私は、**朝一番、仕事をはじめる前に「やらないことシート」に目を通します。**

それで、ついついやってしまっているけどやるべきではないことを再確認し、昨日の反省をして、今日はやらないように自分の頭に叩き込んでいます。

この「やらないことシート」で、ずいぶん仕事が捗るようになってきたと実感しています。ぜひ毎日、項目追加と見返すことをやってください。

限られた時間を有効に使うため、「やらないことシート」を活用していきましょう。

必見！お役立ち COLUMN

思い出す時間を減らすためにとにかくメモを！

普段仕事をしているときや、プライベートのときも含め、仕事に関するアイデアなどを思いつくことがあると思います。

そんなときは、思いついたことをノートにすべて書き記しましょう。頭の中にあるものを何らかの形で整理して記録しておけば、思い出す時間が少なくてすみます。

「何かを思い出す」時間を極力減らすことが、「仕事が速い人」になるためのカギです。

25

仕事が速い人は マニュアルに頼る。
仕事が遅い人は 経験に頼る。

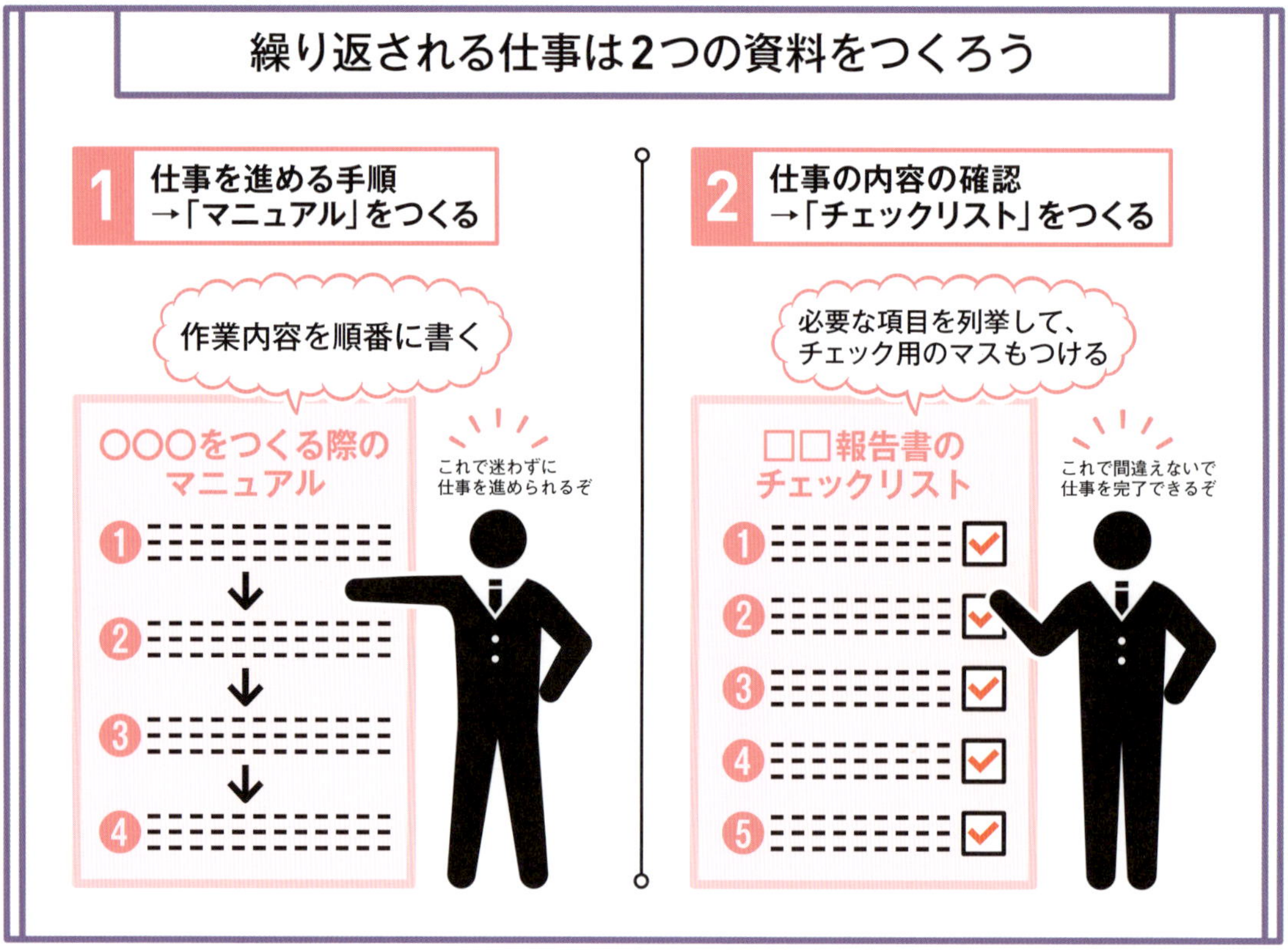
繰り返される仕事は2つの資料をつくろう
1 仕事を進める手順
→「マニュアル」をつくる
作業内容を順番に書く
○○○をつくる際の
マニュアル
これで迷わずに
仕事を進められるぞ
1
2
3
4
2 仕事の内容の確認
→「チェックリスト」をつくる
必要な項目を列挙して、
チェック用のマスもつける
□□報告書の
チェックリスト
これで間違えないで
仕事を完了できるぞ
1
2
3
4
5

「マニュアル」や「チェックリスト」で仕事が速く、正確になる

何度も繰り返されるような仕事や、毎年一定の時期だけやるような仕事で大事なのは、「マニュアル」や「チェックリスト」などの資料を用意することです。これらを作成し、うまく使っていけば、仕事が格段に速く、正確になり、ミスを減らすことが可能です。

「マニュアル」とは、仕事を進める手順を書いたもの。これがあれば、迷うことなく仕事を順番通りに進めていくことができます。

「チェックリスト」とは、仕事の完了前に、その仕事の内容をチェックして、抜けや間違いがないかを確認することのできる資料です。

勘や記憶に頼っていると、「仕事が遅い人」になる

具体的なつくり方を説明します。まずは、マニュアルです。

まず、何かの作業をする前に、エ

クセルなどのファイルを開いておきます（もちろん、手書きの紙でもOK）。そして、作業をしながら、その作業においてどんな手順で仕事を進めていくかを詳細に書いていきます。

書き方は、わかりやすければどんな感じでもいいです。そんなに細かく書く必要はなく、意味がちゃんと理解できて、次に見た人が作業をすることができるようならOKです。

次にチェックリストですが、これもエクセルファイルを開いておき、仕事完了時にチェックすべきところを列挙していきます。また**それぞれの行に、チェックができるような四角いマス（□）を描いておきます。**

マニュアルとチェックリストを使わず、**いつも勘とか記憶に頼った仕事をしていると、毎回毎回、思い出すのに時間がかかったり手順を間違えたりして、いい仕事ができません。**また、仕事に時間が余計にかかり、典型的な「仕事が遅い人」ということになります。

はじめは面倒くさいかもしれませんが、ぜひマニュアルとチェックリストをつくり、それを活用して、「仕事が速い人」になるようにしてください。

仕事が速くなる 3 POINT

1. 「マニュアル」があれば、仕事を順番通りに進められる
2. 「チェックリスト」があれば、仕事の抜けや間違いを確認できる
3. いつも勘や記憶に頼っていては、仕事が遅くなる

仕事が速い人は、マニュアルとチェックリストを使う

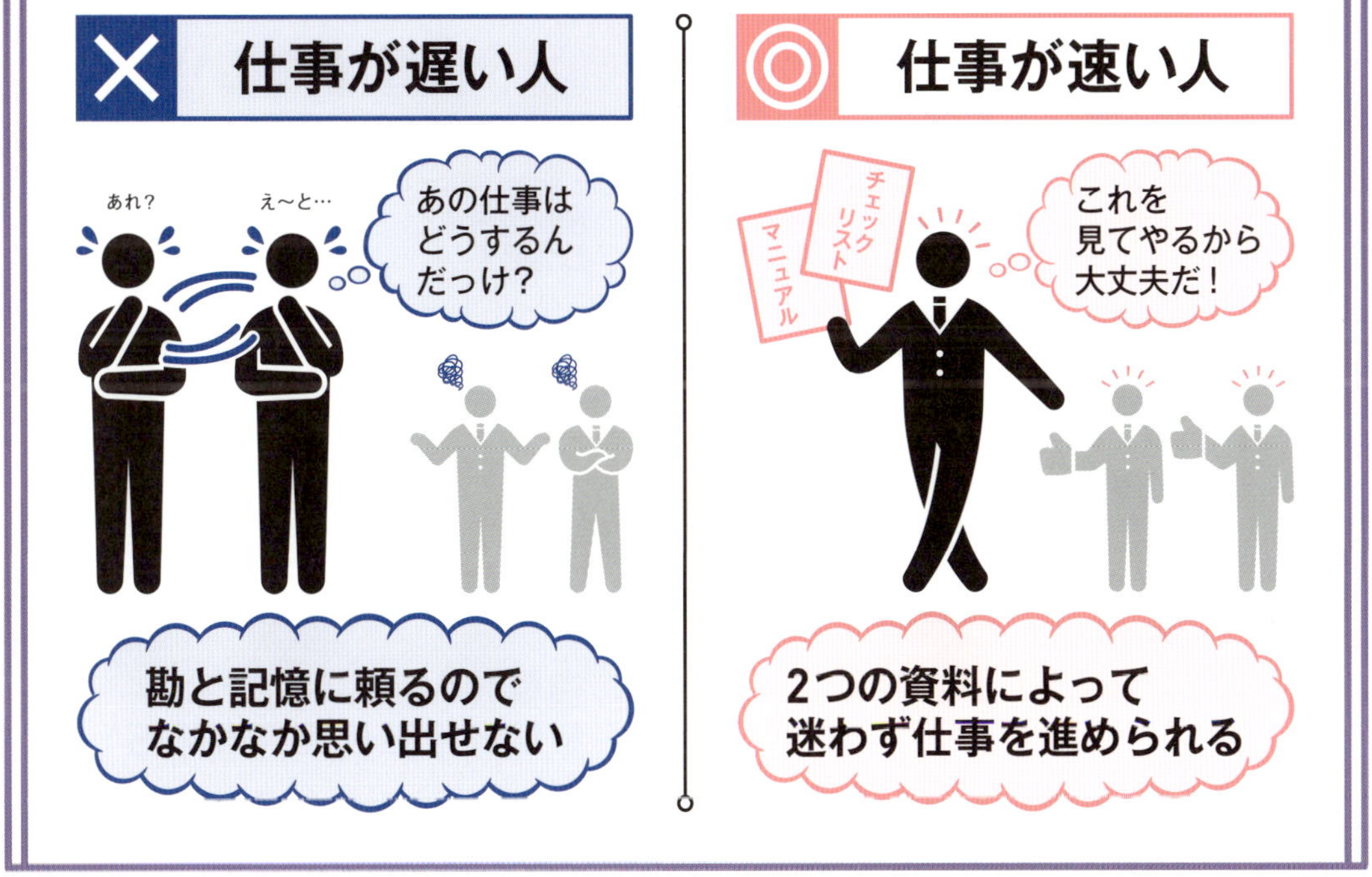
× 仕事が遅い人
あれ？
え～と…
あの仕事はどうするんだっけ？
勘と記憶に頼るのでなかなか思い出せない
◎ 仕事が速い人
マニュアル
チェックリスト
これを見てやるから大丈夫だ！
2つの資料によって迷わず仕事を進められる

26

仕事が速い人は仕事を適当にやる。仕事が遅い人は仕事を完璧にやる。

重要性の原則を使えば、仕事をどんどん進められるようになる

皆さんは、**「重要性の原則」**をご存知でしょうか。

私が最初にその言葉を知ったのは、税理士の財務諸表論という科目を勉強したときです。財務諸表論とは、企業が作成する財務諸表のつくり方や、なぜそういった表示の仕方をするのか、などの理論を学ぶ科目なのですが、いろいろな「原則」が出てきます。

その中のひとつ、「重要性の原則」は、「企業の重要性の乏しい取引（金額が少ない場合など）には、簡便的な表示が認められる」、というような原則です。

私はこの**重要性の原則を使って仕事をするようになってから、細かいことを気にしすぎず、どんどん仕事を進めていけるようになりました。**税理士業では、会社の規模等にもよりますが、大体１００0円以下であれば、少々数字が合っていなくても、計算を進めていくようにしています。１０００円

仕事が速い人は、「重要性の原則」を使っている
仕事が遅い人
もう1回計算だ！
1円だけ合わない！
1円くらいならいいんだが…
他の仕事もしてほしい…
重要性の乏しいことでも徹底してやろうとする
仕事が速い人
次の仕事、どうぞ！
1円合わないけど大丈夫！
よし、じゃあこれをお願い！
どんどん進むなぁ♪
重要性の乏しいことは気にせずに仕事を進める

仕事によって力の注ぎ方を変えよう

社内の仕事は
大筋で合えばOK、
お客様の仕事は
完璧にしましょう
上司に
依頼された仕事
ちょっとだけ
間違ってるけど…
すみませーん
あとで直して
おきますので
お客様に
依頼された仕事
いつも
完璧ですね！
ありがとう
ございます！
当然のことを
したまでです

仕事が速くなる 3 POINT

1 「重要性の原則」に従えば、すべての仕事を完璧にする必要はない

2 上司に依頼された仕事などは、少々間違いがあってもいい

3 お客様に提出する仕事は、完璧に仕上げる

以下であれば、税金の額も変わらないからです。

　もちろん、間違いを放置したままにはせず、1000円以下の違いが積み重なって最終的にズレが大きくなるようなことがないようにしています。

重要性に応じて、仕事の濃淡を判断する

　この重要性の原則は、数字が合う・合わないだけではなく、仕事を進めていく上でいろいろな場面で応用することができます。

　例えば、**会社の上司に依頼された仕事などは、完璧を期す必要はありません。**少々間違いがあったとしても、大筋でちゃんと合っているような仕事ができていれば、問題ないのです。これに対して、**お客様に提出するような仕事は、完璧に仕上げていく必要があります。**これらの違い、つまり「重要性の原則」をしっかり理解して仕事を進められる人は「仕事が速い人」と言えます。

　重要性に応じて、仕事の濃淡を判断して実行できるかどうかが、「仕事が速い人」になれるかどうかの境目なのかもしれません。

27

仕事が速い人は 革新的な仕事をする。

仕事が遅い人は 保守的な仕事をする。

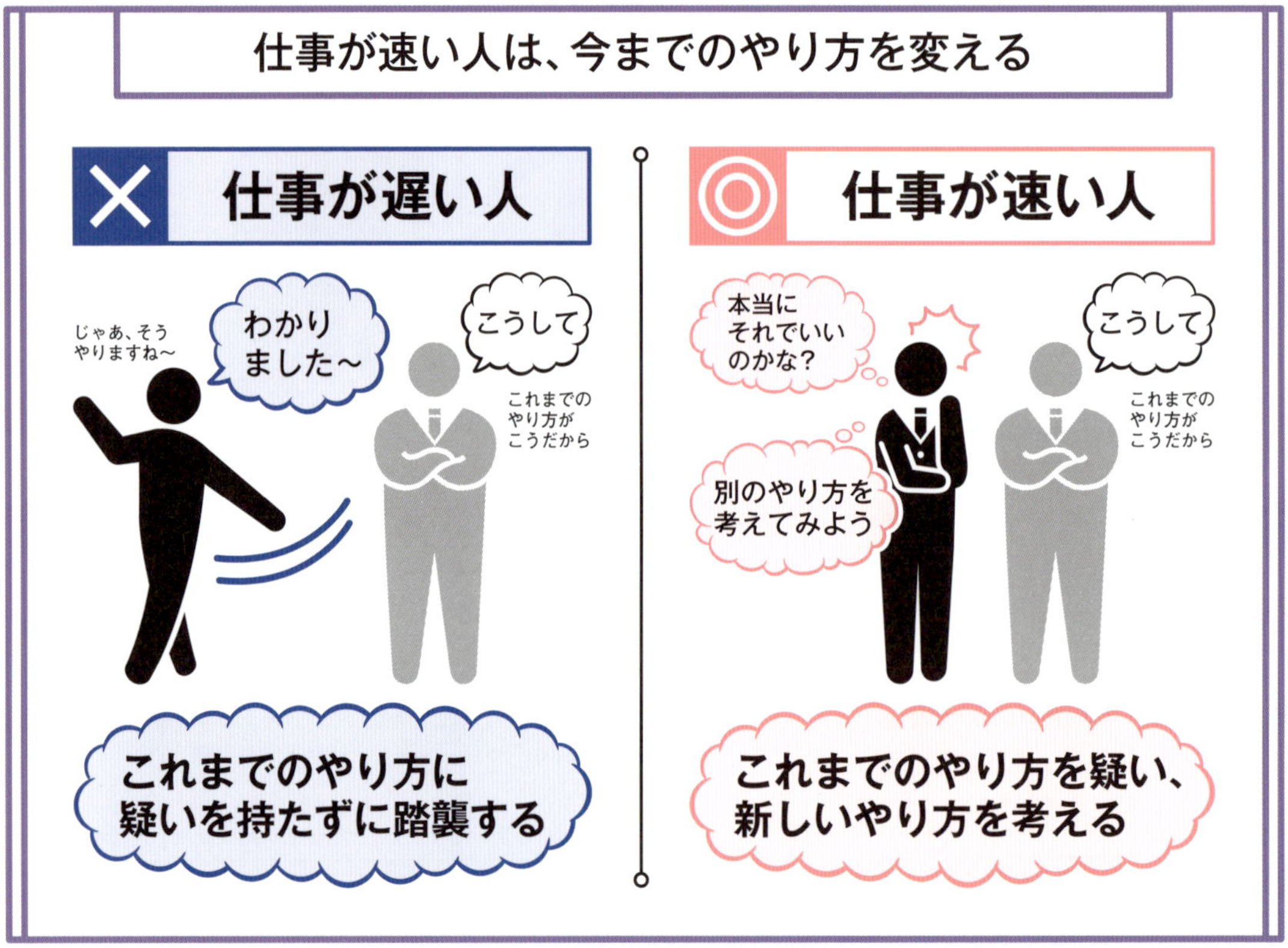
仕事が速い人は、今までのやり方を変える
× 仕事が遅い人
じゃあ、そう やりますね～
わかり ました～
こうして
これまでの やり方が こうだから
これまでのやり方に 疑いを持たずに踏襲する
◎ 仕事が速い人
本当に それでいい のかな？
別のやり方を 考えてみよう
こうして
これまでの やり方が こうだから
これまでのやり方を疑い、 新しいやり方を考える

今までと同じ方法で仕事を進めていたら、進歩がない

「これまでこうだったのだから、今後もこうなのが当たり前」などという言葉や考え方は、避けたいものです。

今までと同じ方法でいつまでも仕事を進めていたら、進歩がありませんし、仕事を改善して、速く進めることもできなくなるでしょう。これまでの常識、これまでの当たり前をとっ払って、新しい方法をつくっていくことが仕事の価値になるのです。

今までやっていたことでも、実は**やらなくてもいいことは、あなたの周りにたくさんある**はずです。それを、これまでやってきたからといって、何の疑いも持たずにやり続けることは、かえって害になるかもしれません。

そういうことは、思い切ってやめてみるとか、大きく変えてみるとか、ちょっと考えてみてください。そして、役立つ範囲内で、一番仕事を速く進められる方法を確

立していくのです。

自分が主役になって新しい仕事を創造しよう

仕事の主役は、上司でも社長でもありません。自分なのです。**自分が主役になって、イニシアティブをとり、仕事のやり方を変えていきましょう。**それが、「仕事が速い人」になるためのひとつのコツではないかと思います。

「仕事が遅い人」は、これまでの当たり前をそのまま踏襲して、仕事を進めようとします。時代が変わってもお構いなし。これまでの常識でしか物事を見ることができないため、新しいものに対応できないのです。

「仕事が速い人」になるため、**これまでの常識や当たり前を疑い、新しい仕事を創造していきましょう。**それは、ただ「仕事が速い人」になれるというだけでなく、新しい価値を世に生み出すための第一歩かもしれません。

これからの時代は、当たり前のことをやっていくだけでは、生き残っていくことができなくなります。ぜひ、革新的になり、新しい仕事を生み出していきましょう。

仕事が速くなる 3 POINT

1. これまでの常識をとっ払っていくことが、仕事の価値になる
2. これまでやってきたことをやり続けることは、かえって害になる
3. 自分が主役になって、やり方を変える

やり方を革新して、新しい仕事を創造しよう

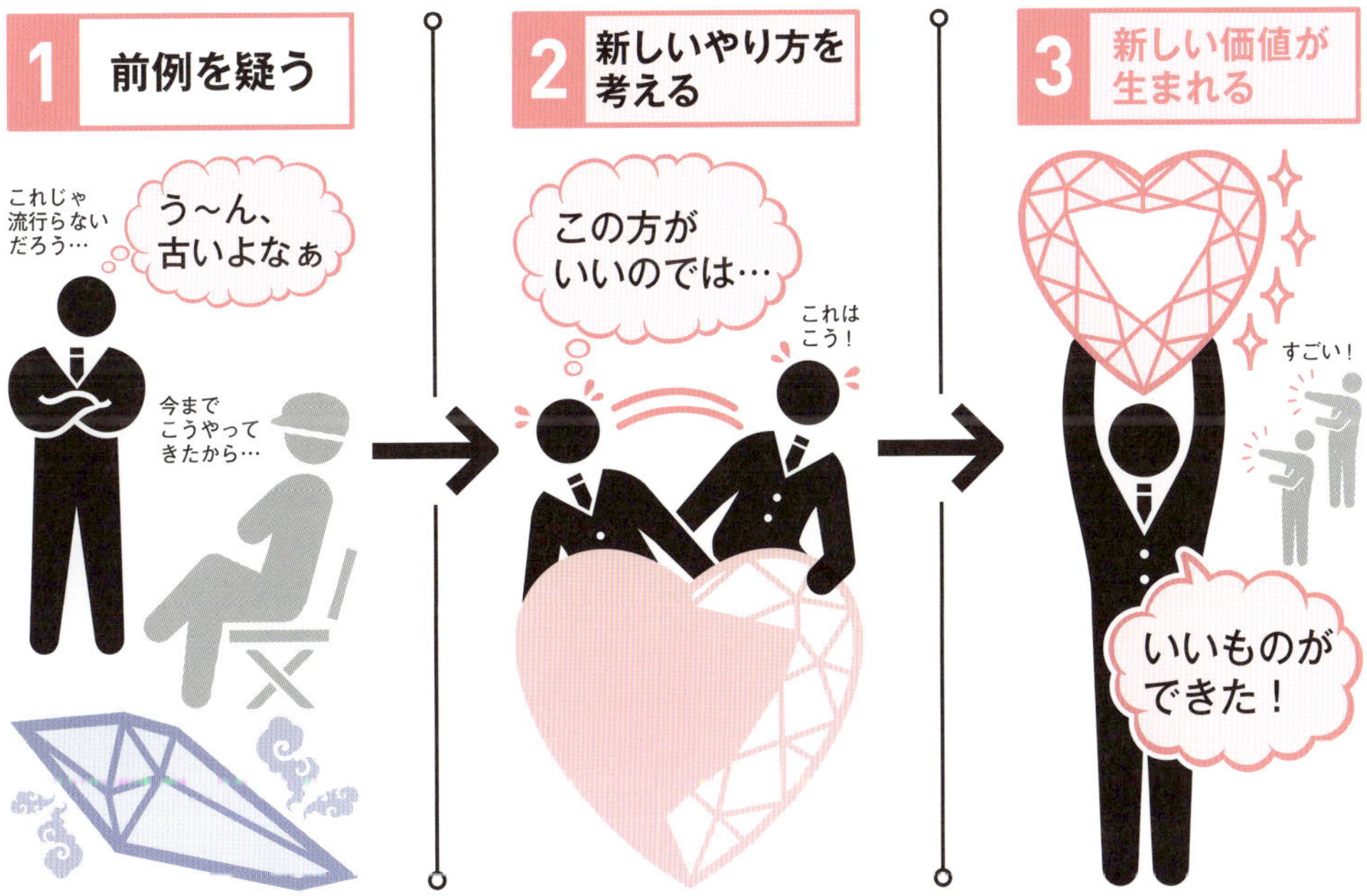
1 前例を疑う
これじゃ流行らないだろう…
う～ん、古いよなぁ
今までこうやってきたから…
2 新しいやり方を考える
この方がいいのでは…
これはこう！
3 新しい価値が生まれる
すごい！
いいものができた！

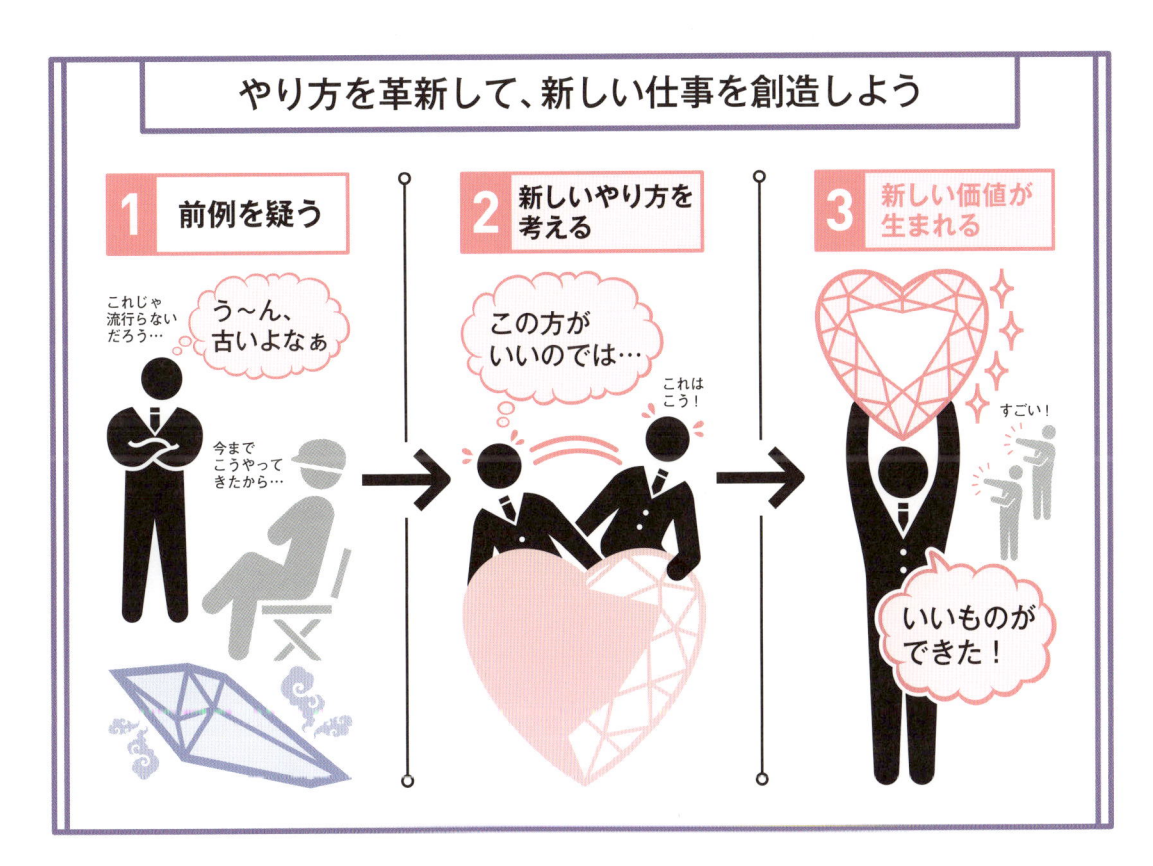

28

仕事が速い人は「石の目」を意識する。
仕事が遅い人は手あたり次第に仕事を行う。

どんな仕事でも、「石の目」を意識して重点的に攻める

「石の目」という言葉を聞いたことがありますか？

私も最近までよく知らない言葉でしたが、意味を知って「なるほど！」と思ってしまいました。

硬い石をキリのようなもので割ろうと思ったとき、たいていの人は適当にキリを当てて、力任せに割ろうとするはずです。しかし、そうすると石は硬くて、なかなか割れることがありません。

これに対して、石について精通している人は、どこにキリを当てれば割れるかを熟知しており、そのポイントに当てて簡単に割ってしまいます。

石は構成されている鉱物の配列により、実際に割れやすいポイントや方向があります。これが「石の目」です。

転じて、**物事を成し遂げようとする際にはその物事の重要なポイントを掴み、そこをついていくことが必要**、という意味になります。

「石の目」＝物事の重要なポイント

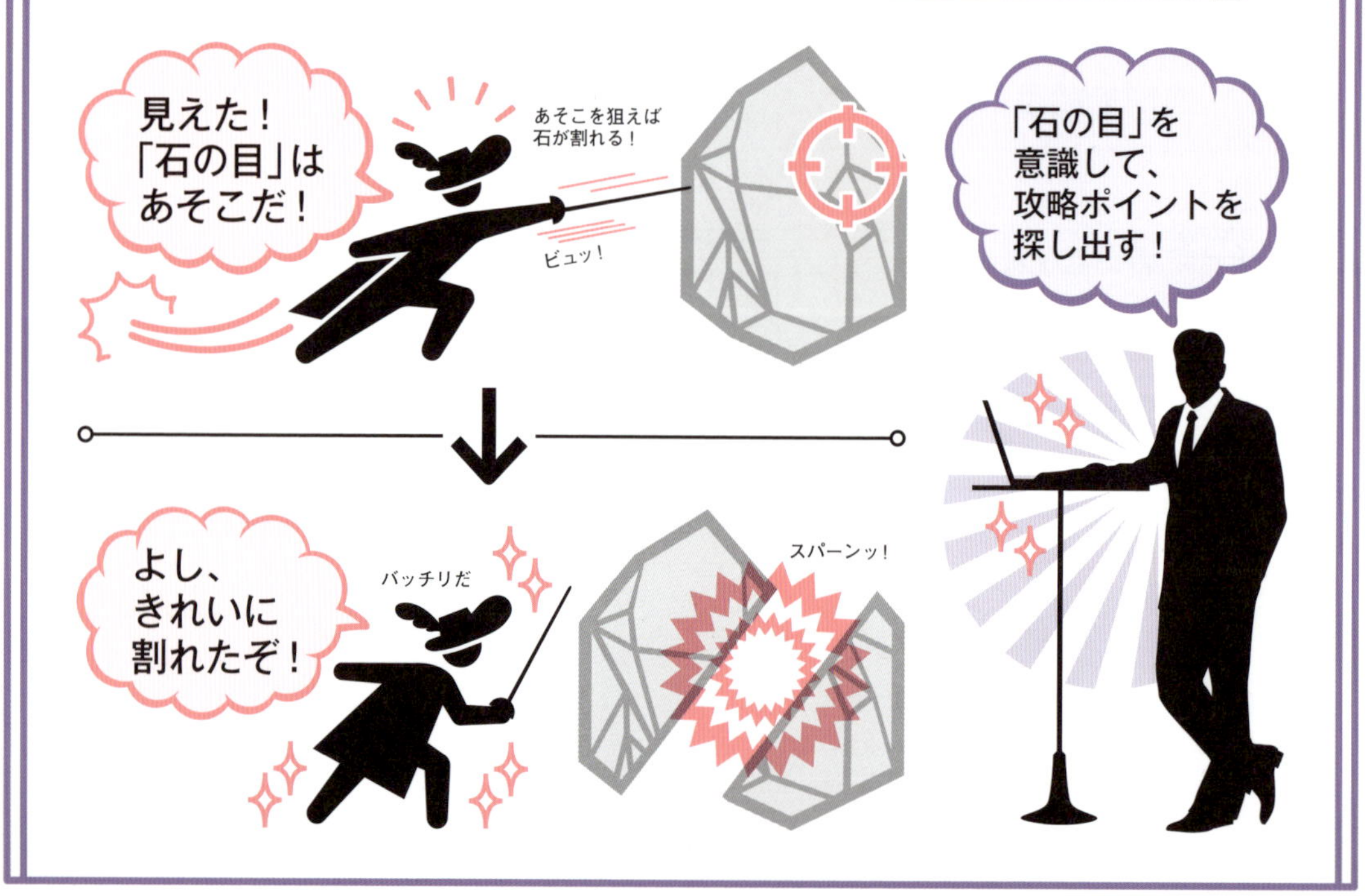
見えた！
「石の目」は
あそこだ！
あそこを狙えば
石が割れる！
ビュッ！
「石の目」を
意識して、
攻略ポイントを
探し出す！
よし、
きれいに
割れたぞ！
バッチリだ
スパーンッ！

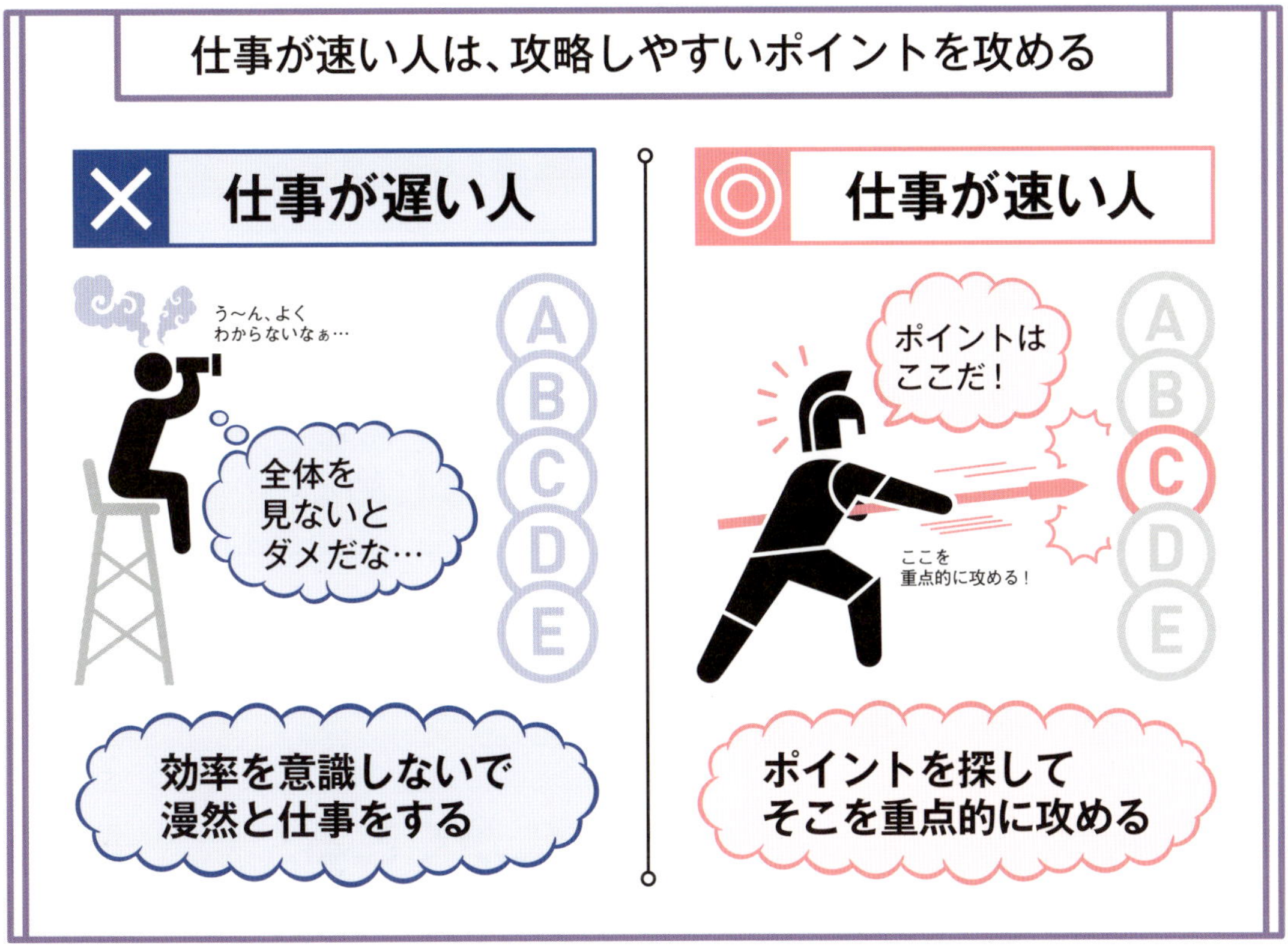
仕事が速い人は、攻略しやすいポイントを攻める
仕事が遅い人
う〜ん、よく
わからないなぁ…
全体を見ないとダメだな…
A B C D E
効率を意識しないで
漫然と仕事をする
仕事が速い人
ポイントはここだ！
ここを
重点的に攻める！
A B C D E
ポイントを探して
そこを重点的に攻める

どんな仕事であっても、この「石の目」を意識して、攻略しやすいポイントを探し出し、実際にそこを重点的に攻めていくことが求められます。「仕事が速い人」は、それができる人です。

自分なりの「石の目」を見つけていく

人によって、どんな方法で仕事を進めていくと効率が良くなるかは異なります。しかし、何も考えずに仕事を進めるのではなく、自分なりに意識して、「石の目」を見つけていくことが肝心です。

「石の目」を見つけるのに、時間がかかる場合もあります。しかし、その時間を惜しんでいると、結局は仕事が遅くなってしまうことは間違いありません。

これから仕事をしようとする際は、必ず「石の目」を見つけてから仕事をするように心がけてみましょう。もしかしたら、人生が変わるかもしれません。

どんな仕事においても、漫然とこなしていくのではなく、攻略しやすいポイントを見つけて、そこを攻めて進めるのが「仕事が速い人」のやり方です。

必見！お役立ち COLUMN

もくじの順番にこだわらずに、原稿を書く

私の場合の「石の目」の例を紹介しましょう。

本1冊の原稿を書く場合、まずは章と項の構成（もくじ）を決め、その構成に沿ってひとつひとつ原稿を書いていきます。

ただし、書く順番にはこだわらず、「第5章の2項」の次は「第2章の1項」、その次は「第3章の5項」など、書けるものから書いていき、最後に全部を見直しながら修正します。この方が、原稿をかなり速く書けます。

CHAPTER 05

仕事攻略編

復習問題

次の［　　］に当てはまる言葉は、下のA～Gのうちどれか？

Q1 仕事が速い人は ［　　］の手順や［　　］環境をしっかり確認してからはじめる！

※同じ言葉が入ります

Q2 仕事が速い人は 時間を［　　］にする意味のないことをやらないようにする！

Q3 仕事が速い人は ［　　］をとにかくとる！

Q4 仕事が速い人は ［　　］を考えて仕事を進める！

Q5 仕事が速い人は 仕事の［　　］を判別できる！

Q6 仕事が速い人は ［　　］を変えていこうとする！

Q7 仕事が速い人は 作業の［　　］を見つけ、要領良くこなす！

A 今までのやり方　**B** メモ　**C** 重要性　**D** 無駄
E 攻略ポイント　**F** 作業　**G** 将来の効率化

解答：Q1／F　Q2／D　Q3／B　Q4／G　Q5／C　Q6／A　Q7／E

CHAPTER

06

「仕事が速い人」と
「仕事が遅い人」の習慣

自己研鑽編

The Habits of Fast Workers & Slow Workers

29

仕事が速い人は 文字の「入力」が速い。

仕事が遅い人は 文字の「入力」が遅い。

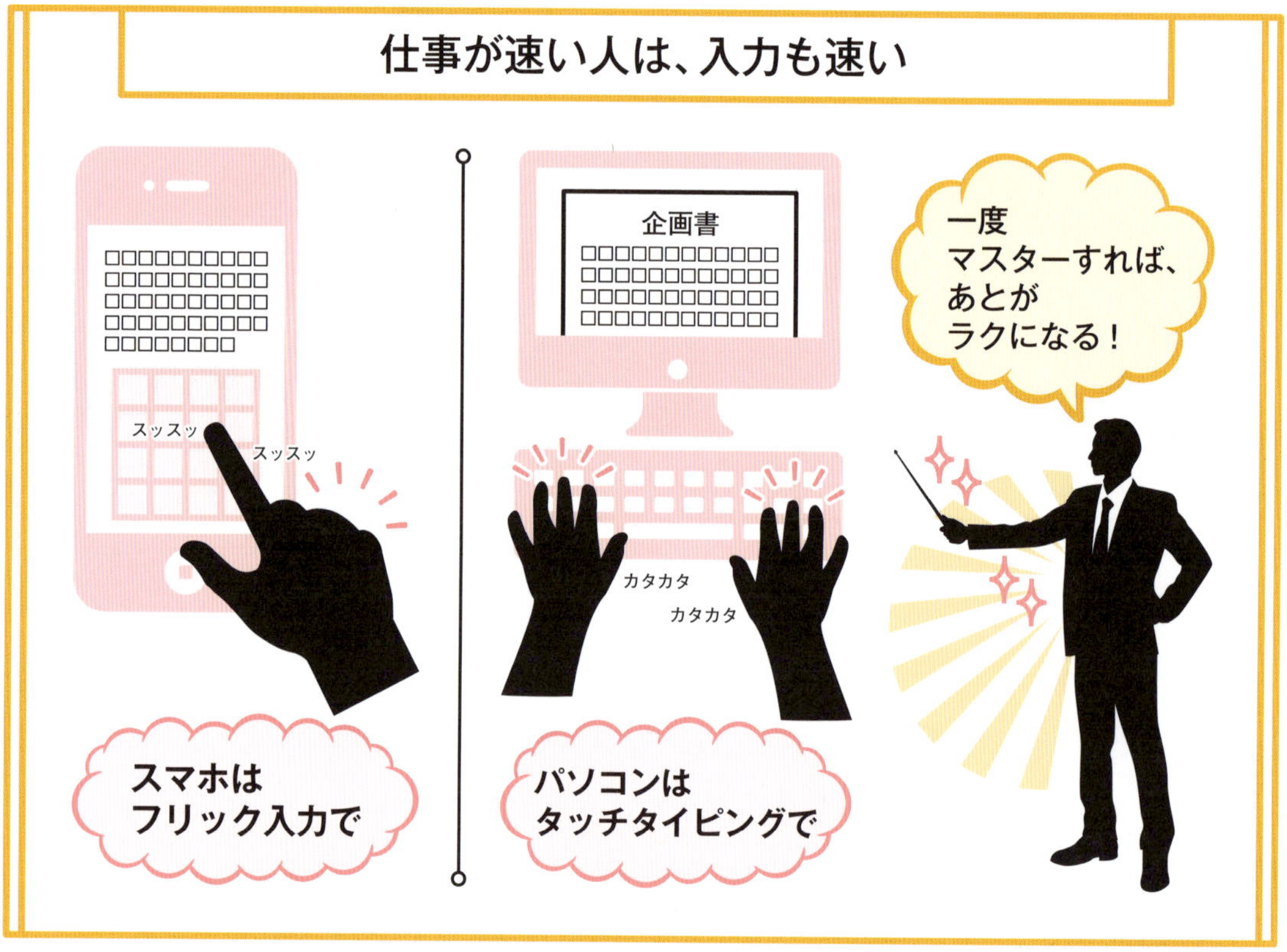
仕事が速い人は、入力も速い
スッスッ
スッスッ
スマホは
フリック入力で
企画書
カタカタ
カタカタ
パソコンは
タッチタイピングで
一度
マスターすれば、
あとが
ラクになる！

文字入力の速さが、仕事の速さに影響する

今はパソコンやスマホの時代です。もちろん手書きはとても大事ですが、これだけコンピュータが発達した世の中では、「入力にかかる時間」を、無視することはできません。

文字入力が速くできるかどうかで、仕事の速い・遅いがある程度決まってしまう可能性もあります。

パソコン入力の際は、**「タッチタイピング」**がオススメです。指を「ホームポジション」という決まった位置に置き、キーボードを打つこの方法は、慣れるとタイピングがとても速く正確になります。

また、スマホは、**「フリック入力」**を使用します。フリック入力とは、キーを上下左右にスライドして文字を表示させる方法です。これだと、キーを何度も押さなくても文字が打てるので、入力が速くなります。

タッチタイピングもフリック入力も、練習するためのソフトやアプリがあります。はじめは面倒くさい作業かもしれませんが、一度マスターすれば、あとがラクになります。

文字入力は、**集中的に練習して、そのあとは実践を繰り返していきましょう。**一度身体に覚えさせれば、常に同じように速く打てるようになります。

どんなに速くても、正確でなければ意味がない

「入力」に関して一番大事なのは、「どんなに速く打てても、正確に打てなければあまり意味がない」ということです。

速さも大事ですが、正確性はもっと大事です。速く打てても間違ってばかりだと、修正するのに時間がかかり、結局遅くなってしまいます。1回の入力で正確にすることが大切なのです。

細かい話ですが、この「入力の速さ、正確さ」は仕事を進める上でとても大事なものです。

「パソコンの入力方法なんて些細なこと」と軽視する人も多いと思いますが、一度習得すればずっと使えるので、きっちりマスターしましょう。

必見！お役立ち COLUMN

他人の知識を上手に活かして仕事が速い人に！

「入力のスキル」も重要ですが、パソコン自体のスキルも大切です。ソフトウエアにも、仕事に有用なものがたくさんあります。しかし自分の知識だけだと、とても便利なソフトがあるのにそれ気づくことができません。

そこで、パソコンに詳しく、仕事にうまく利用している人のブログを活用します。ソフトの情報や活用方法などを無料で書いてくれているので、利用しない手はありません。

速さだけでなく、正確さも大切
× 仕事が遅い人
やり直してこい！
すみません、すぐ直します…
間違いだらけだ！
正確さがないと直しに時間がかかる
◎ 仕事が速い人
よくできてるよ
バッチリだ
では次の仕事を進めます！
正確な仕事だと無駄な時間を使わない

30

仕事が速い人は 文章を書くのがうまい。

仕事が遅い人は 文章を書くのが下手。

仕事を進める上で、文章力はとても重要

　仕事を進めるにあたって、意外に多いのが「文章を書くこと」です。

　例えば、上司宛の電話を受けて、その内容をメモで伝えるときですら、何らかの文章を書いて的確に用件を伝える必要があります。「文章」をうまく書けるかどうかが、仕事の巧拙や仕事の速さに直接つながっているのは間違いありません。なぜなら、**仕事では、何をするにしても言葉や文章が必要になる**からです。

　人に何かを文章で伝えたり、接客で言葉を発したりする場面は多いものです。そういう場面で、しっかりと言葉を紡いで相手に伝えられるかが、ポイントです。

　文章を書いても、相手に伝わらなければ全く意味がありません。メールの文章でも、相手に伝わらないと何度も返信したり、書き直したりして、「仕事が遅い人」になってしまいます。

仕事が速い人は、文章がうまい

仕事が遅い人
ダメだ…書けない…
えっ！まだ書けてないの？
時間もかかり、用件が的確に伝わらない
仕事が速い人
的確に伝えよう！
スラスラ！
なるほど、よくわかる文章だ！
やりとりの回数も少なく、仕事が迅速に進む

文章力を上げるには、毎日の積み重ねが大切

毎日、
ブログやSNSを
更新するのも
GOODです！
毎日、本を読む
BOOK
フム
フム！
毎日、文章を書く
カキ
カキ！

文章力を向上させるには毎日の積み重ねが大事

文章能力を上げるためには、**読み書きの量を圧倒的に増やす必要があります。**また、筋力トレーニングと同じで、毎日の積み重ねが大事です。

FacebookやTwitterなどのSNSやブログなどで、自分の文章を公開していくことも大事でしょう。とにかく、毎日毎日、多大な量の読み書きを続けることで、文章能力は自然に上がっていきます。

また、**文章能力を向上させるためには、「言葉」をたくさん知っていることがカギ**になるでしょう。

しかし、ただやみくもに「言葉」を多く知っていても、文章力向上にはつながりません。

その場に応じて最適な言葉を紡ぐことが必要になります。

比喩などの表現も、身につけていくべきです。

今からでも遅くありません。地道に本を読み、言葉を紡ぎ、文章を書いていきましょう。

そのような当たり前の**細かいことを地道に毎日続けていくことが、「仕事が速い人」になるためのたったひとつの道**です。

仕事が速くなる 3 POINT

1. 読み書きの量を圧倒的に増やし、毎日続ける
2. 「言葉」をたくさん知り、適切な表現や比喩を使う
3. SNSやブログで文章を公開し、さらに文章力に磨きをかける

CHAPTER 06

The Habits of Fast Workers & Slow Workers

31

仕事が速い人は 時間のためにお金を使う。

仕事が遅い人は お金のために時間を使う。

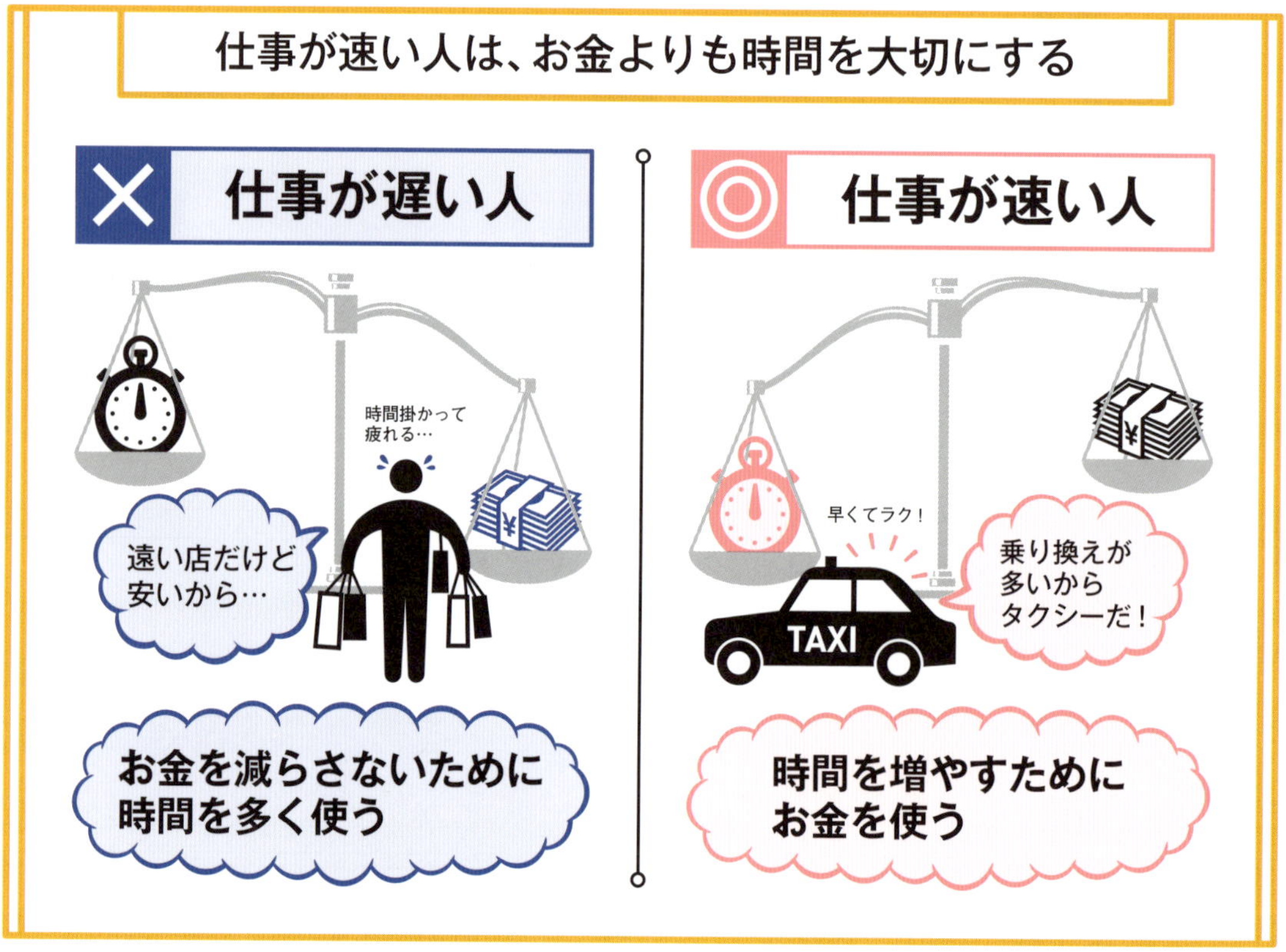
仕事が速い人は、お金よりも時間を大切にする
仕事が遅い人
時間掛かって
疲れる…
遠い店だけど
安いから…
お金を減らさないために
時間を多く使う
仕事が速い人
早くてラク！
TAXI
乗り換えが
多いから
タクシーだ！
時間を増やすために
お金を使う

「お金で時間を買う」と「時間でお金を買う」

「お金で時間を買う」と「時間でお金を買う」。言葉の順番が逆になっただけで、意味は全く違ってきます。

「お金で時間を買う」とは、とり戻すことができない『時間』を増やすために、お金を使うということです。

例えば、目的地へ行く際に、電車を何度も乗り換えなければならない場合に、タクシーを使う。

知識を得るために、本を購入することや、学校やセミナーにお金を払うこと。これらも、その知識を習得する時間を短縮するためにお金を使うので、「お金で時間を買う」行為と言うことができます。

逆に、「時間でお金を買う」とは、1円でも安く買おうと、自転車で1時間かけて、遠くのスーパーへ行くような行為のことです。

「仕事が遅い人」は、お金が惜しいため、時間を使ってお金を増やそうと（減らすまいと）します。

お金はとり戻せるが時間はとり戻せない

なぜ、「時間をお金で買う」ことよりも「お金で時間を買う」ことを優先させるべきなのでしょうか。

それは、**時間の方がお金よりも大事なもの**だからです。

第一に、お金と違って、一度すぎてしまった時間は、とり戻すことができません。

一人の人間が持つことのできる時間は限られていますが、お金には限りがありません。

第二に、時間が確保できれば、その時間を使って、お金を増やすことができます。

「仕事が速い人」は、この「お金で時間を買う」ということをうまく利用しながら仕事をしています。**時間を確保するためなら、惜しげもなくお金を使う**のです。

そして、確保した時間で、効率的にお金を稼ぐ方法を考えます。

時間があるとアイデアが生まれ、それが効率的にお金を生み出す。このような循環ができています。

「時間でお金を買う」という感覚が染みついている人は、ぜひ「お金で時間を買う」ということを意識してみてください。

必見！お役立ち COLUMN

「将来のリターン」を考えて、行動しよう！

仕事は、『時間の投資』と考えられます。「仕事が速い人」は、何に投資すれば、どんなリターンがあるかを考えています。

まずは、将来においてお金や時間を生むことができる仕事。つまり、本業に時間を使えば、安定した収入が得られます。

次に、副業や資格のための勉強に、時間を投資しましょう。

将来のリターンを考えて、自分の強みを活かせることに時間を投資するのが有効です。

時間の方がお金よりも大事な理由

1 時間はとり戻すことができない

もうこんなに時間がすぎた…
あわわ…

2 時間があれば、「お金を稼ぐため」に使える

時間を使ってアイデアを考えよう！
アイデアを実現する時間は十分あるぞ！
アイデアの芽をしっかり育てよう！

CHAPTER 06

The Habits of Fast Workers & Slow Workers

32

仕事が速い人は無駄なことをやる。

仕事が遅い人は無駄なことをやらない。

「仕事が速い人」は、無駄なことを仕事に活かす

「仕事が速い人」は、集中して仕事を終えると、あとの時間で「一見無駄なこと」をします。

例えば、映画を観に行ったり、仕事とは関係ない本を読んだり、伝統芸能を鑑賞したりします。

そして、このような、**一見仕事とは直接関係のないことを、ちゃんと仕事に活かしている**のです。

一見、役に立たなそうに見えるものが実は大事である、ということを、「無用の用」と言います。

この**「無用の用」を大事にすることで、知識が広がり、人間としての幅が広がります。**そして、それが仕事に活かされていくのです。

「無用の用」から自分でメソッドを編み出す

「仕事が速い人」になるために、一般的な効率化のメソッドばかりに、労力を費やす人がいます。もちろ

「無用の用」で知識や人間の幅を広げる

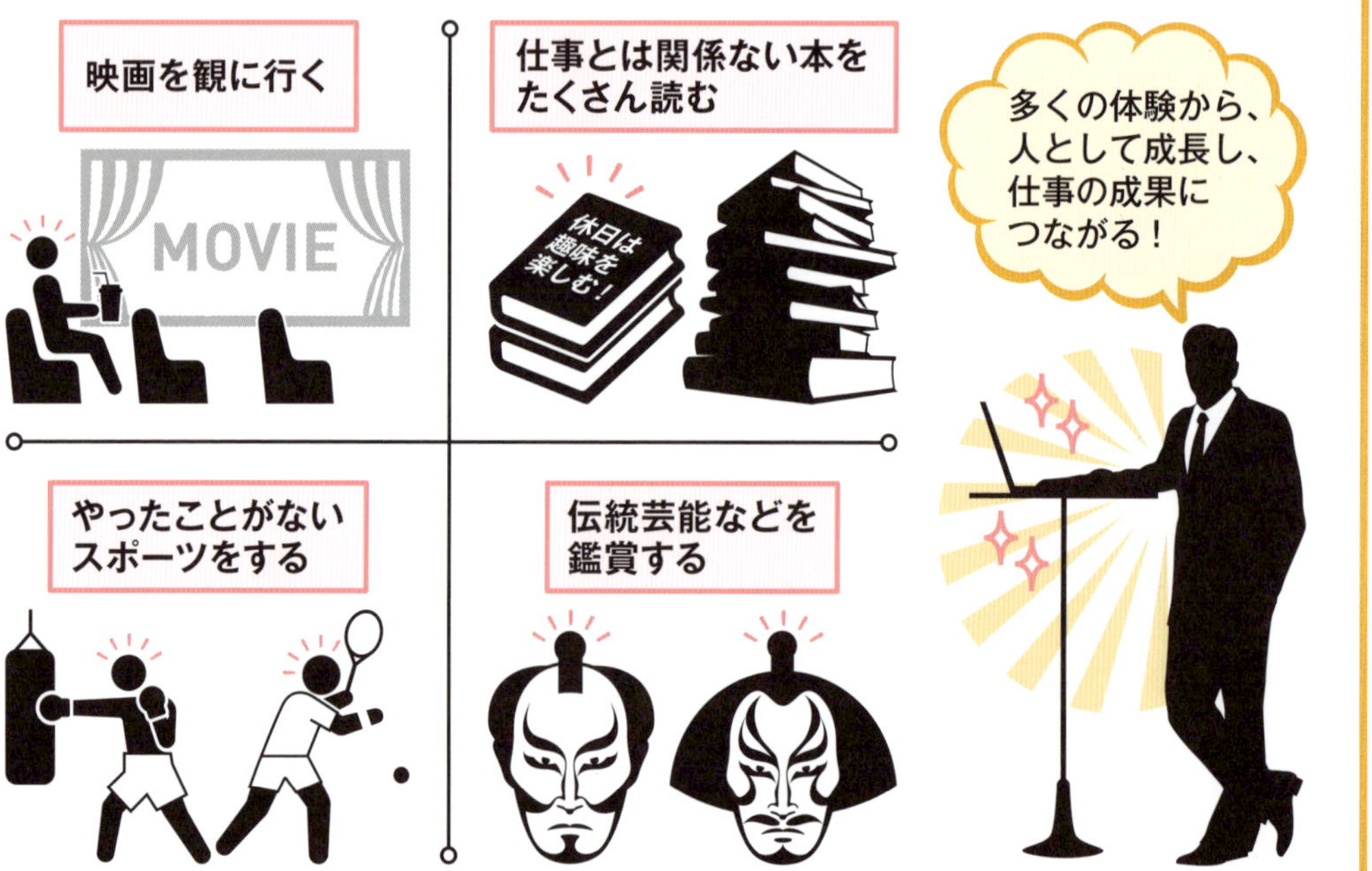

映画を観に行く
MOVIE
仕事とは関係ない本をたくさん読む
休日は趣味を楽しむ！
やったことがないスポーツをする
伝統芸能などを鑑賞する
多くの体験から、人として成長し、仕事の成果につながる！

人とは違う効率化のメソッドを編み出す

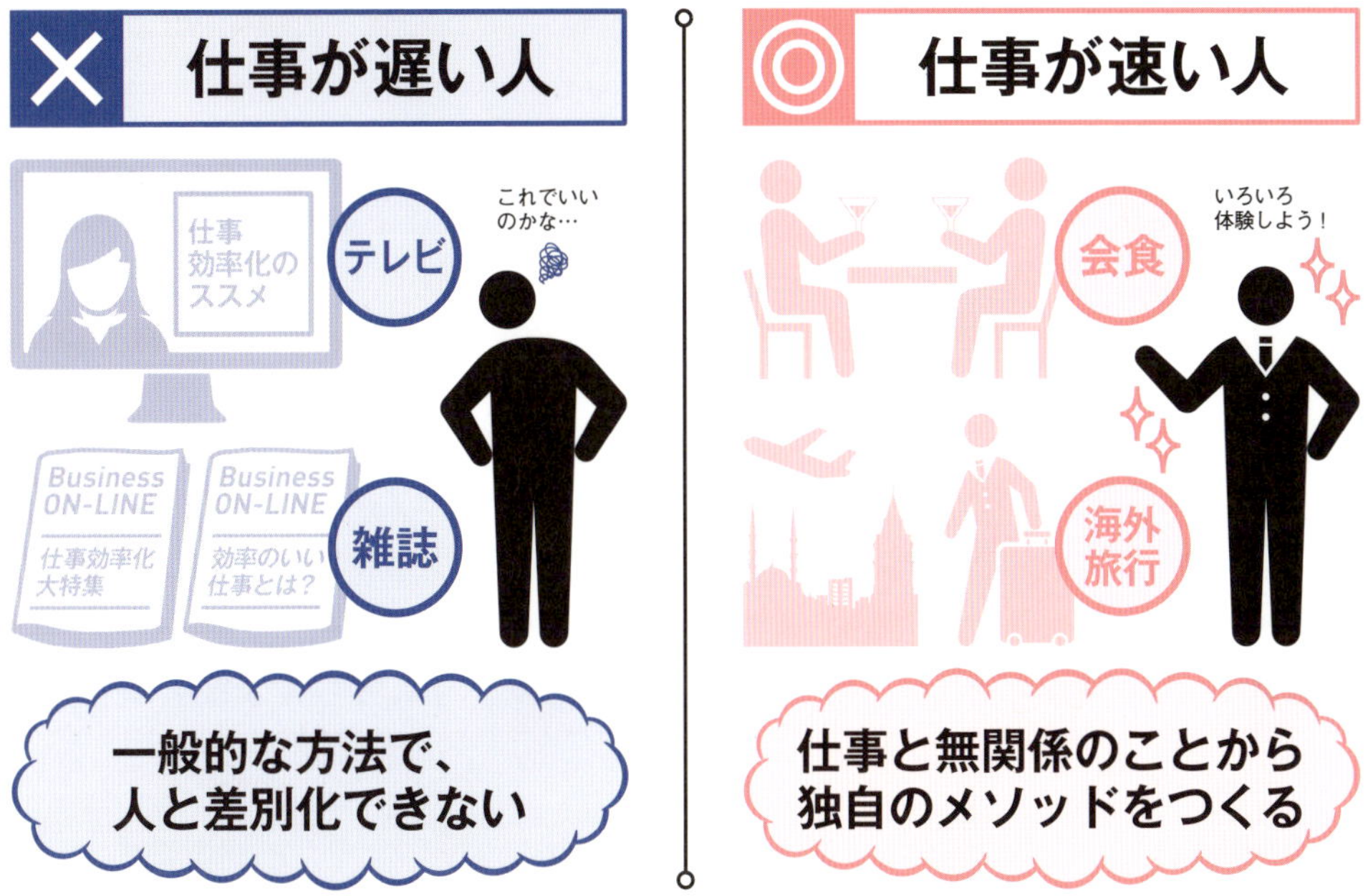
×
仕事が遅い人
仕事
効率化のススメ
テレビ
これでいいのかな…
Business ON-LINE
仕事効率化大特集
Business ON-LINE
効率のいい仕事とは？
雑誌
一般的な方法で、人と差別化できない
◎
仕事が速い人
いろいろ体験しよう！
会食
海外旅行
仕事と無関係のことから独自のメソッドをつくる

仕事が速くなる

3 POINT

1. 一見無駄なように見えるものが実は大事！
2. 「無用の用」から、知識や人としての幅が広がり、仕事に活かせる
3. 仕事と関係のないところから、独自のメソッドを編み出す

ん、それが悪いわけではありません。ただし、みんなと同じ方法では、人と差別化はできません。

そうではなく、**「無用の用」を大事にし、仕事と関係のないことから、効率化や合理化のメソッドを自分で編み出し、他の人とは違う方法で進めることが重要**なのです。

私の周りでも、成果を上げている人は皆、何か必ず「無用の用」を行っています。そして、「無用の用」を大事にしている人は、常に余裕があるように感じられます。

私の知人で、いつも外出しており、いろいろなことを体験している社長さんがいます。

その方に、なぜそんなに行動的なのかと聞いたところ、返ってきた答えは、「お客様や仕事の関係者と仲良くなるため」。

彼らは、趣味や考え方もいろいろで、千差万別です。彼らとより多く会話ができるように、自分もいろいろなことを実際に体験してみるそうです。そうすることで、会話にも深みが出るのだとか。

多くの体験を重ねることで、**人としての幅も広がり、それが仕事の工夫などにも活かされ、成果が上がる**というわけです。

「仕事が速い人」になりたければ、「無用の用」を大事にしましょう。

33

仕事が速い人は ルーティンワークをつくる。
仕事が遅い人は ルーティンワークを嫌う。

「将来につながること」をルーティンワークにする
仕事が遅い人
今日はやらなくていいや…
面倒くさい…
売上目標
目標が達成できずスキルアップできない
仕事が速い人
売上目標
市場調査のレポートは毎日作成する！
売上につながる！
地道な作業でも、やれば必ず目標に近づく

将来の目標のためにルーティンワークを決める

「ルーティンワーク」の決め方やこなし方で、「仕事が速い人」と「遅い人」が大きく分かれます。

では、どんなことを「ルーティンワーク」にするのか。結論から言えば、**「将来の計画や目標につながることで、毎日やった方がいいこと」をルーティンワークとすればいい**でしょう。

まず、将来達成したい大きな目標を立てます。それを達成するために、いつ何をやらなければならないかを考え、計画を立てていきます。すると、毎日やるべきことがピックアップされます。

例えば、プロジェクトを成功させるという目標があります。それには、文献を毎日30分読む、メンバーの士気を高めるために、面談をするなどもいいでしょう。

このように「目標につながること」を、ルーティンワークとします。

ルーティンワークは地道な作業

ですが、やれば必ず目標に早く近づくことができます。

ルーティンワークは面倒だし、やりたくないと思っていると、スキルアップできません。なかなか目標が達成できず、「仕事が遅い人」になってしまいます。

ルーティンワークは朝早くにこなす

ルーティンワークは、**心身ともに充実している、なるべく朝早い時間に、流れるようにこなしていく**ことが重要です。

私の場合、毎日行うルーティンワークが10項目近くありますが、なるべく朝起きたらすぐにやるようにしています。

ルーティンワークは、**慣れるとどんどん速くなるので、それを終えたあとの仕事をする時間を長くとれる**ようになります。朝の能率が上がる時間帯に、集中して終わらせてください。

将来の目標につながるルーティンワークをリストアップして、それをうまく管理し、こなしていきましょう。あなたの仕事は将来に向けて、どんどんブラッシュアップされていくはずです。

仕事が速くなる 3 POINT

1. 「将来の目標」につながることをルーティンワークにする
2. ルーティンワークは能率が上がる朝早くにこなす
3. 慣れてくるとどんどん速くなり、仕事の時間も長くとれる

ルーティンワークは朝早くにこなす

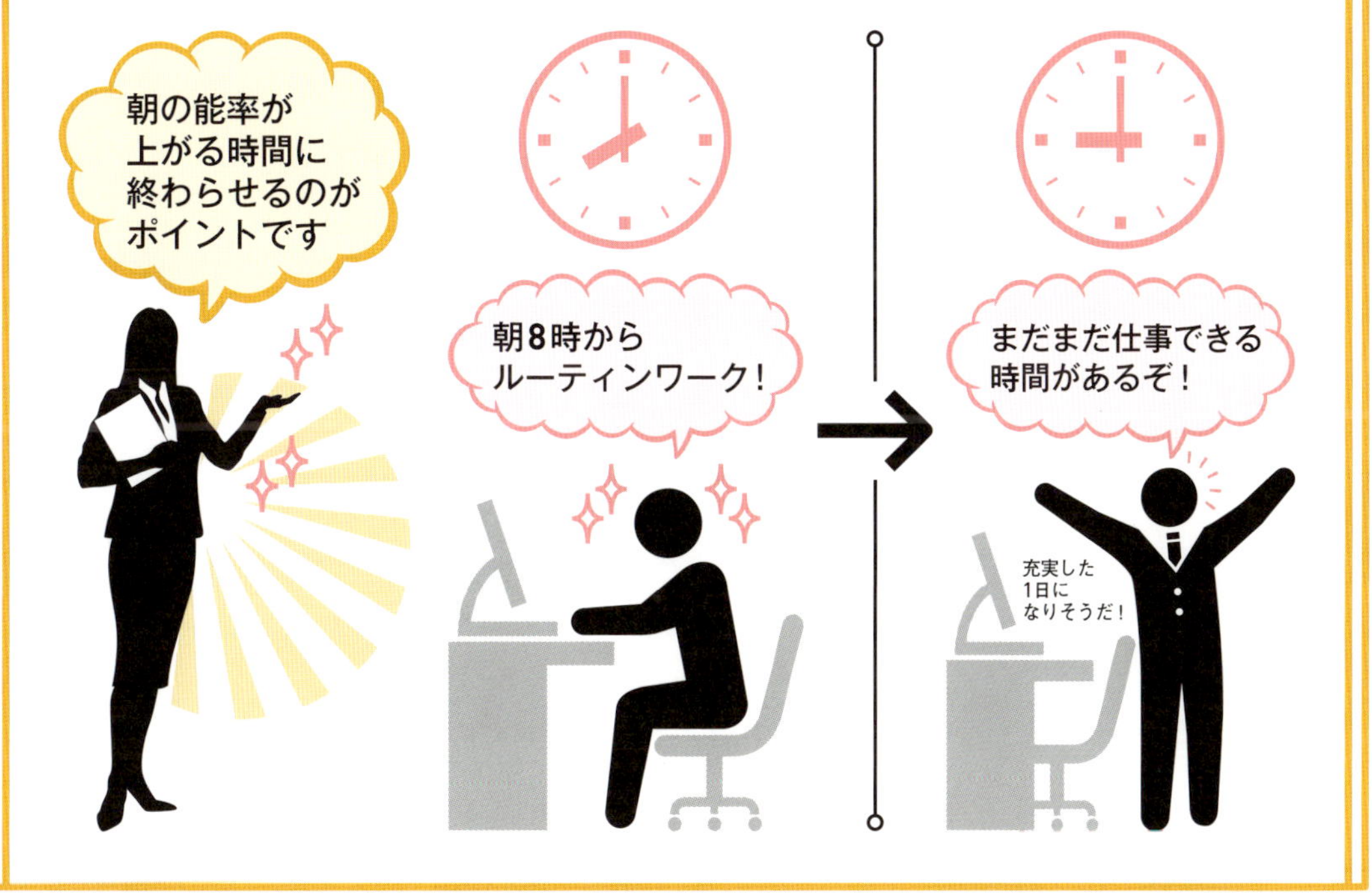
朝の能率が上がる時間に終わらせるのがポイントです
朝8時からルーティンワーク！
まだまだ仕事できる時間があるぞ！
充実した1日になりそうだ！

CHAPTER 06

自己研鑽編

復習問題

次の[　　　]に当てはまる言葉は、下のA～Gのうちどれか？

Q1 仕事が速い人は [　　　] を速くするための練習をする！

Q2 仕事が速い人は [　　　] を上手に活かす！

Q3 仕事が速い人は 毎日 [　　　] をかかさない！

Q4 仕事が速い人は お金で [　　　] を買い、買った [　　　] でそれ以上のものを稼ぐ！

※同じ言葉が入ります

Q5 仕事が速い人は 将来の [　　　] を考えて行動する！

Q6 仕事が速い人は 多くの [　　　] から自らを成長させたり、仕事のヒントを得たりすることができる！

Q7 仕事が速い人は 将来の目標を達成するために [　　　] をつくる！

A 他人の知識　B 時間　C ルーティンワーク

D 文字入力　E 読み書き　F リターン　G 体験

解答：Q1／D　Q2／A　Q3／E　Q4／B　Q5／F　Q6／G　Q7／C

CHAPTER

07

「仕事が速い人」と
「仕事が遅い人」の習慣

コミュニケーション編

The Habits of Fast Workers & Slow Workers

34

仕事が速い人は 仕事をどんどん振る。

仕事が遅い人は 全部自分でやる。

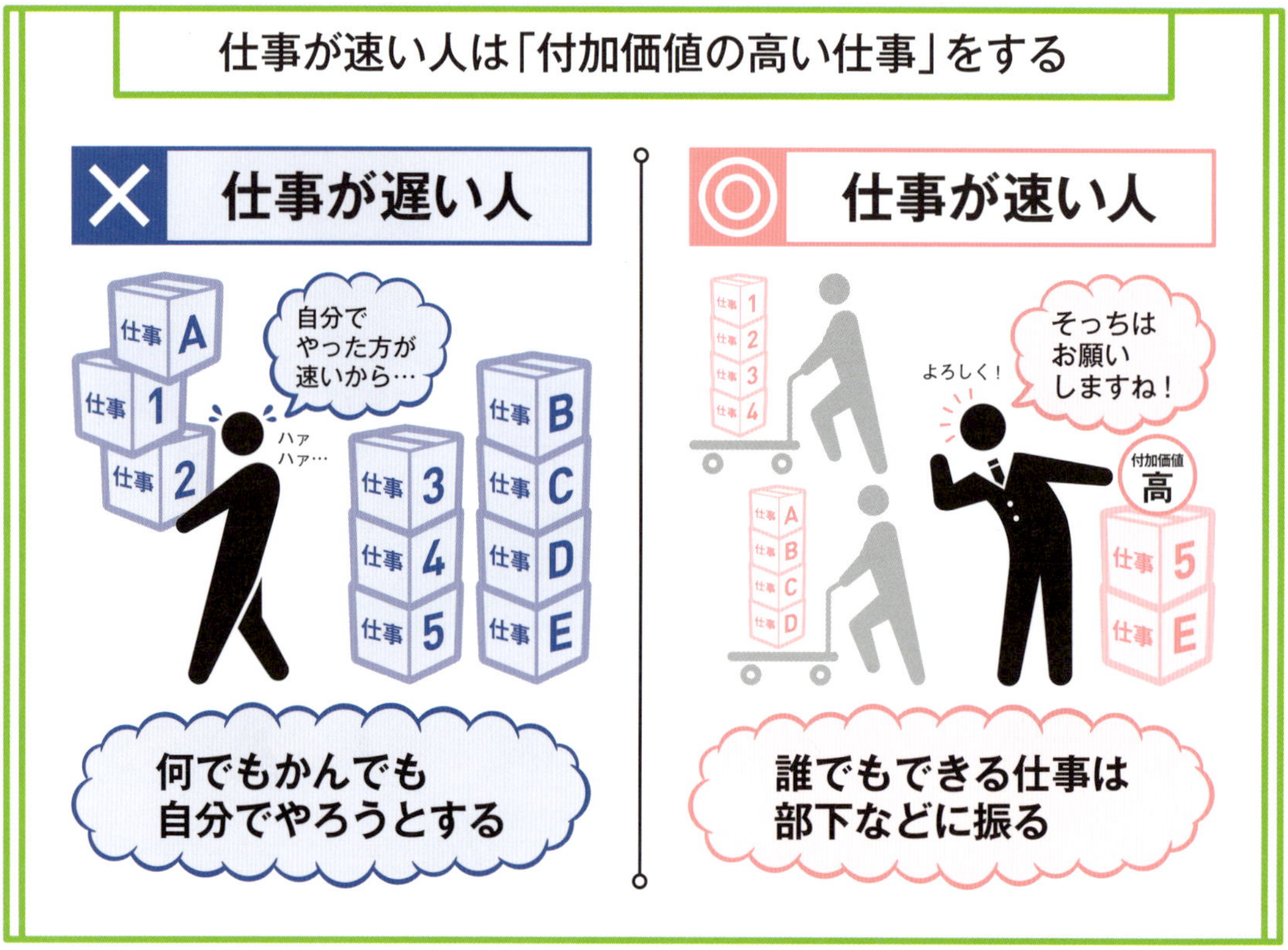

「仕事が速い人」は、「付加価値の高い仕事」をする

「仕事が速い人」は、付加価値のない仕事はほとんどやりません。「付加価値」とは、「何かを生み出す際に、新しく加えられた価値」のことを言います。その価値があることで、モノが売れます。

自分がその仕事をやることで、その仕事に新しい価値を多く加えられるのが「付加価値の高い仕事」。

自分がやっても大した価値を加えられないのが「付加価値の低い仕事」ということになります。

「付加価値の高い仕事」は自分にしかできないもので、「付加価値の低い仕事」は誰にでもできるもの、と言えます。

誰でもできる仕事は、部下などにどんどん振ってしまい、「自分にしかできない仕事」をやるようにしましょう。

そして、**付加価値の高い仕事をたくさんやって熟練することで、さらに「仕事が速い人」になる**ことができます。

「仕事が遅い人」は何でも自分でやる

私が尊敬する先輩税理士は、税理士以外ができない仕事のみを自社で行い、それ以外はほぼ、外部の会社に委託しています。

その結果、彼が自らやらなければならないお客様への対応が、ものすごく速くなり、お客様から高い信頼を得ているのです。

つまり、**「付加価値の高い仕事」を徹底して行うために、「付加価値の低い仕事」を、すべて外部にお願いしている**のです。

このような例とは逆に、**「仕事が遅い人」は、「自分がやった方が速いから」という理由で、何でもかんでも自分でやろうとします。**

確かに、慣れている人がやれば作業は早く終わります。しかし、それを繰り返すことで雑用がたまってしまい、「付加価値の高い仕事」ができません。それでは、「仕事が遅い人」のままでしょう。

「仕事を振るのは申し訳ない」と思いがちですが、組織単位で考えると、そちらの方が有益なことが多いのです。周りとうまくコミュニケーションをとって、付加価値の高い仕事をやりましょう。

必見！お役立ち COLUMN

レスポンスを速くすることで信頼を勝ちとる！

メールの返信をするタイミングは、「読んだらすぐ返信」というのが、仕事を円滑に進めるためにも一番いい方法です。

その結果、「レスポンスが速くて、仕事が速い人」となります。

人間は勝手なもので、自分の反応は遅くても、相手には速い反応を期待してしまいます。

なるべく速くレスポンスをすることを心がけ、相手の信頼を勝ちとり、「仕事が速い人」になりましょう。

付加価値の高い仕事を多くやると、仕事が速くなる

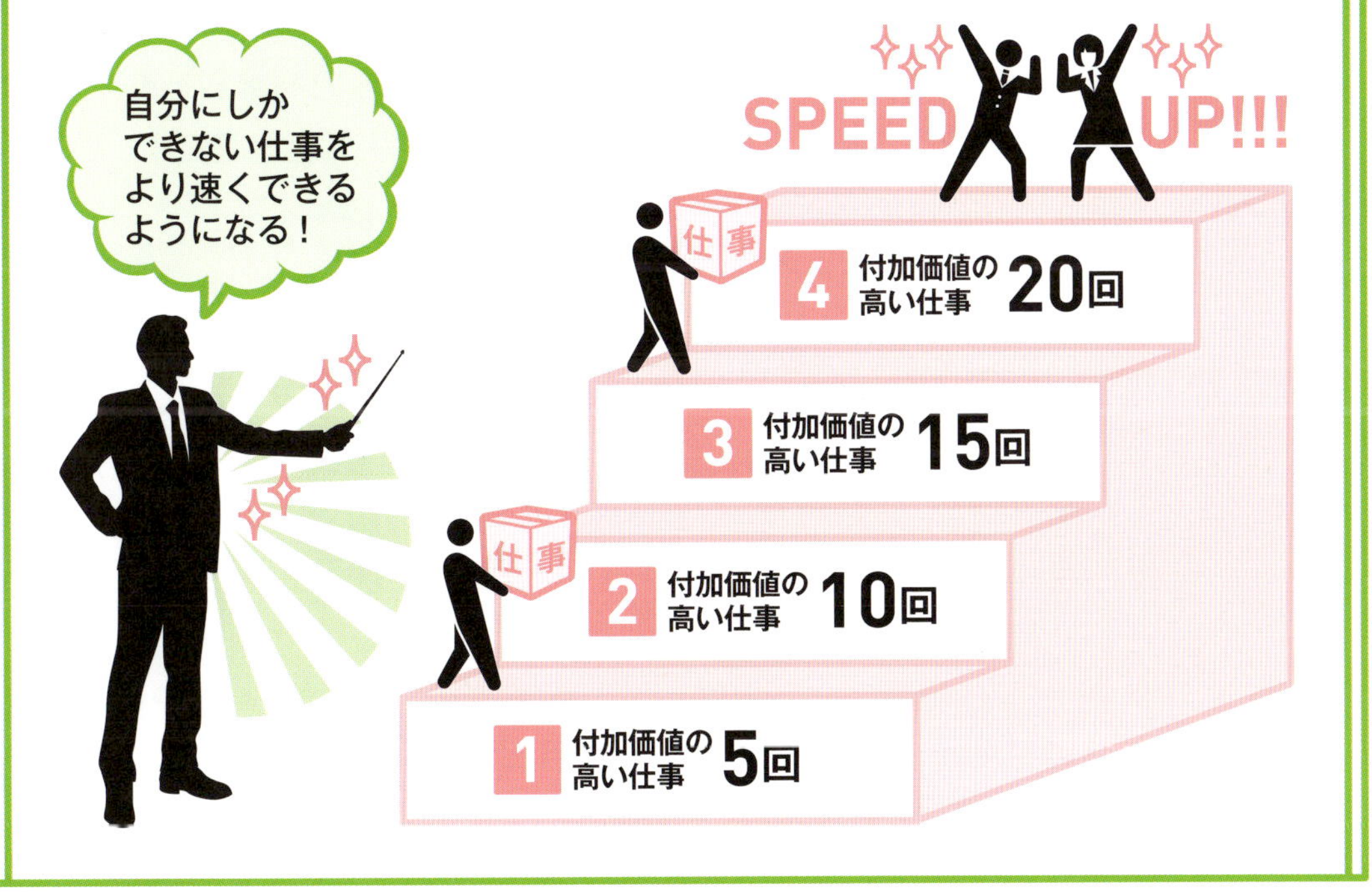
自分にしかできない仕事をより速くできるようになる！
SPEED UP!!!
仕事
4 付加価値の高い仕事 20回
3 付加価値の高い仕事 15回
2 付加価値の高い仕事 10回
1 付加価値の高い仕事 5回

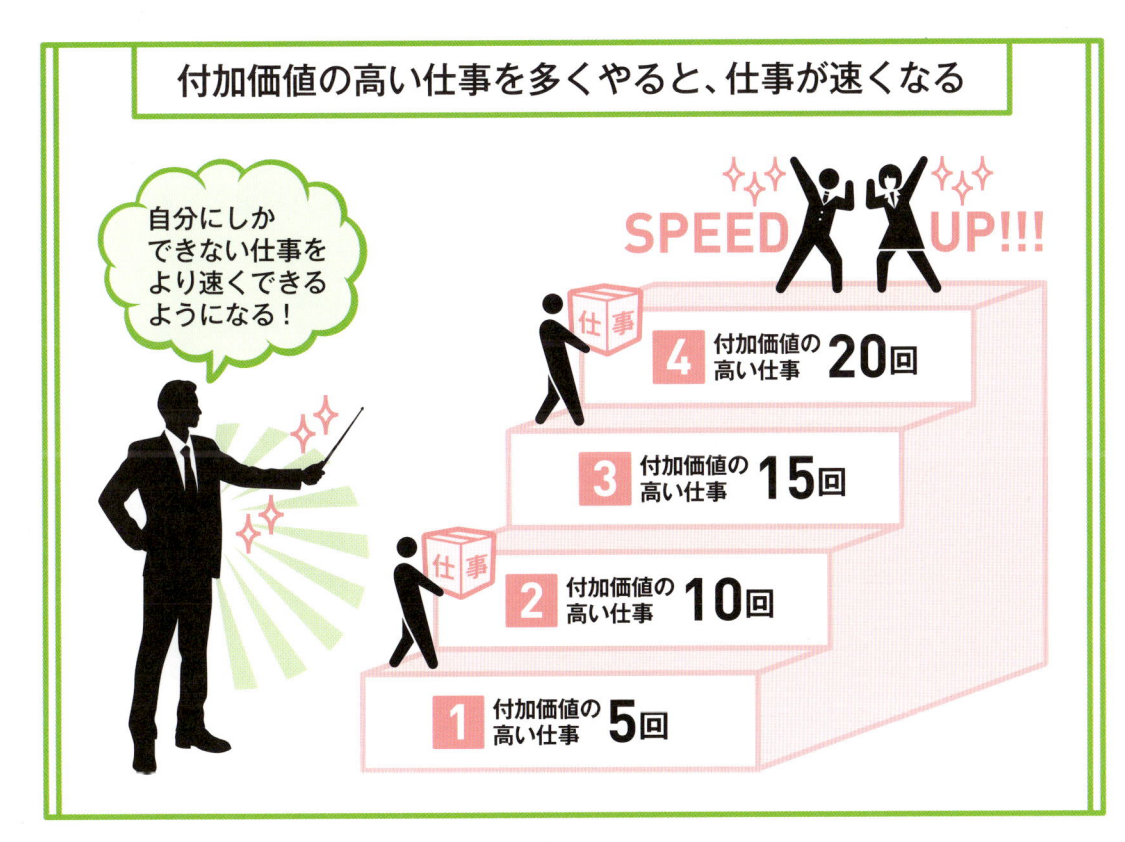

35

仕事が速い人は あまり気を遣わない。

仕事が遅い人は すごく気を遣う。

気を遣いすぎると仕事は速く進まない

私たちにとって、「人に気を遣う」ことは、非常に大事です。

しかし、仕事においては、過度の気遣いは、決してプラスにはならないのではないかと思います。

とにもかくにも、「仕事が速い人」になるには、自分が主役となって、自分が決断して、どんどん仕事を進めていくことが大事です。

他人の意見を尊重しすぎて、指示通りにしか動けないようであれば、仕事を速く進めていくことはできません。

普段の仕事では、他人の決断を待ってから進めることも多いと思います。しかし、それは本当に自分で決断できないものでしょうか。

私のお客様を見ても、**「他人に気を遣いすぎず、すこしわがまま」なタイプの人の方が仕事も速く、実績を残しています。**

言い方を変えると、大きな実績を残すような人は、決断力があり、自分が決めたことは絶対にやり通

仕事が速い人は、気を遣いすぎない

仕事が遅い人
Aさんは
どうですか？
Bさんの意見は？
人の意見を尊重しすぎて
なかなか進まない
仕事が速い人
A
決めますね
B
よし、Aに
しましょう！
気を遣いすぎないので
自分の時間を損なわない

自分の方針や軸を決め、絶対にやり通す

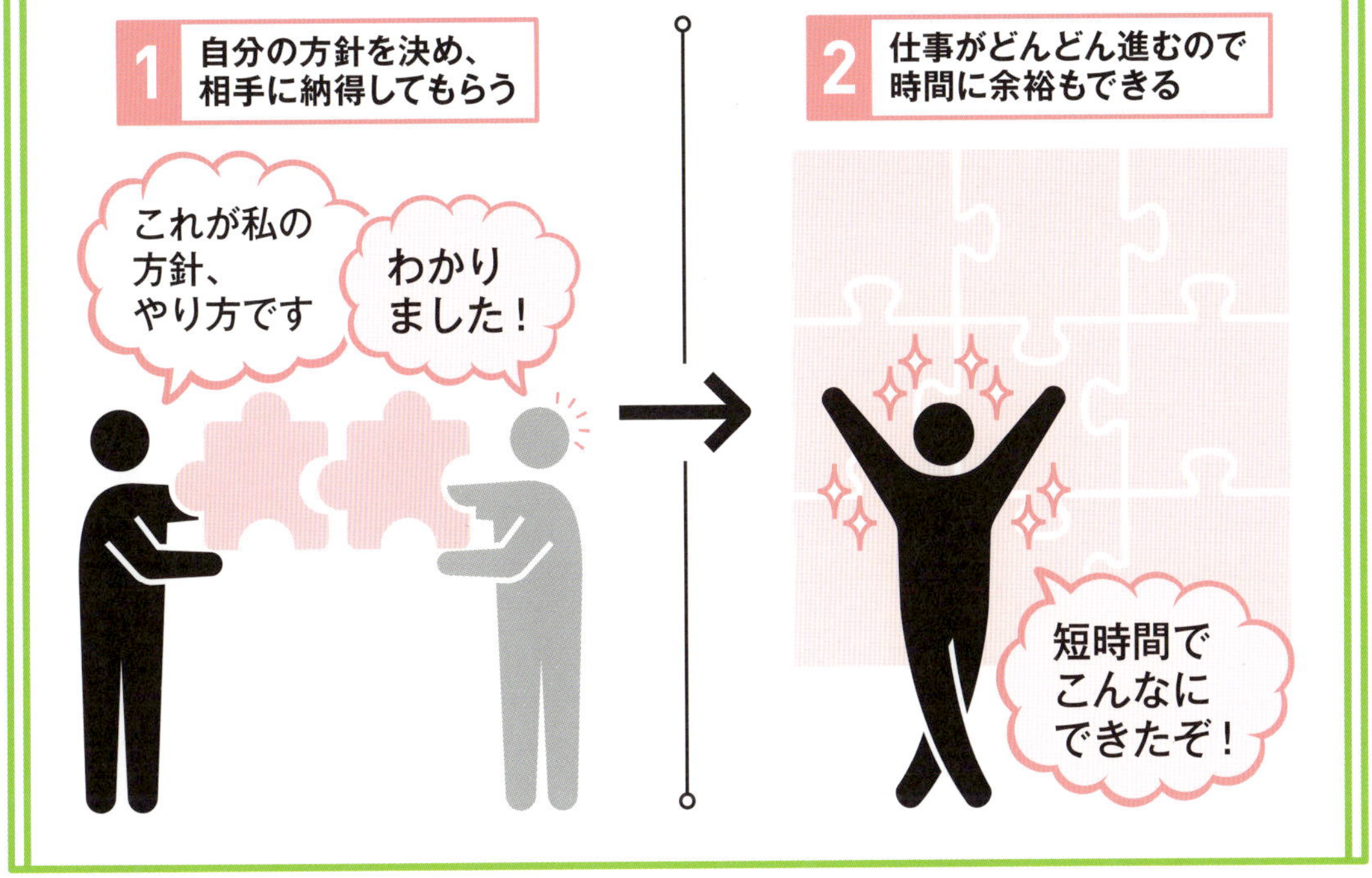
1 自分の方針を決め、相手に納得してもらう
これが私の方針、やり方です
わかりました！
2 仕事がどんどん進むので時間に余裕もできる
短時間でこんなにできたぞ！

すという気概を持っています。

自分の方針を決め、相手に納得してもらう

必要以上に人に気を遣いすぎると、相手を待つ状態が長くなり、仕事が遅くなってしまいます。

かつての私も、そういった面では、「仕事が遅い人」でした。

税理士事務所を開業した当初、どうすればお客様に気持ち良くなってもらえるかとばかり考えて、大した成果は出せずにいました。

しかしある時期から、**まず自分の方針ややり方、軸をしっかりと決め、それをお客様にお話しして、納得してもらってから仕事を進める**ようにしたのです。それからは仕事が速く進むようになり、時間に余裕もでき、お客様の満足度も増加したように感じます。

相手への気遣いは最低限のマナーです。しかし、こと仕事においては、**気を遣いすぎて自分の時間を損なわないように、自分の軸をしっかり持って活動していきましょう。**

そうすることで仕事がスムーズに進み、相手にも役に立つ結果が生み出されます。

必見！お役立ち COLUMN

「仕事が速い人」は心配りをして媚びへつらわない

過度の気遣いは不要と書きましたが、仕事は人と人とのつき合いで生まれるので、相手への心配りは不可欠です。

相手へ心配りをすれば、困ったときに助けてもらえたり、協力しながら仕事を進めることができます。つまり、「仕事が速い人」になれるわけです。

上司からの依頼には、必要以上に丁寧に対応してしまいがちですが、上司に媚びへつらうことが、心配りではないのです。

36

仕事が速い人は 仕事を断る。

仕事が遅い人は 仕事を引き受ける。

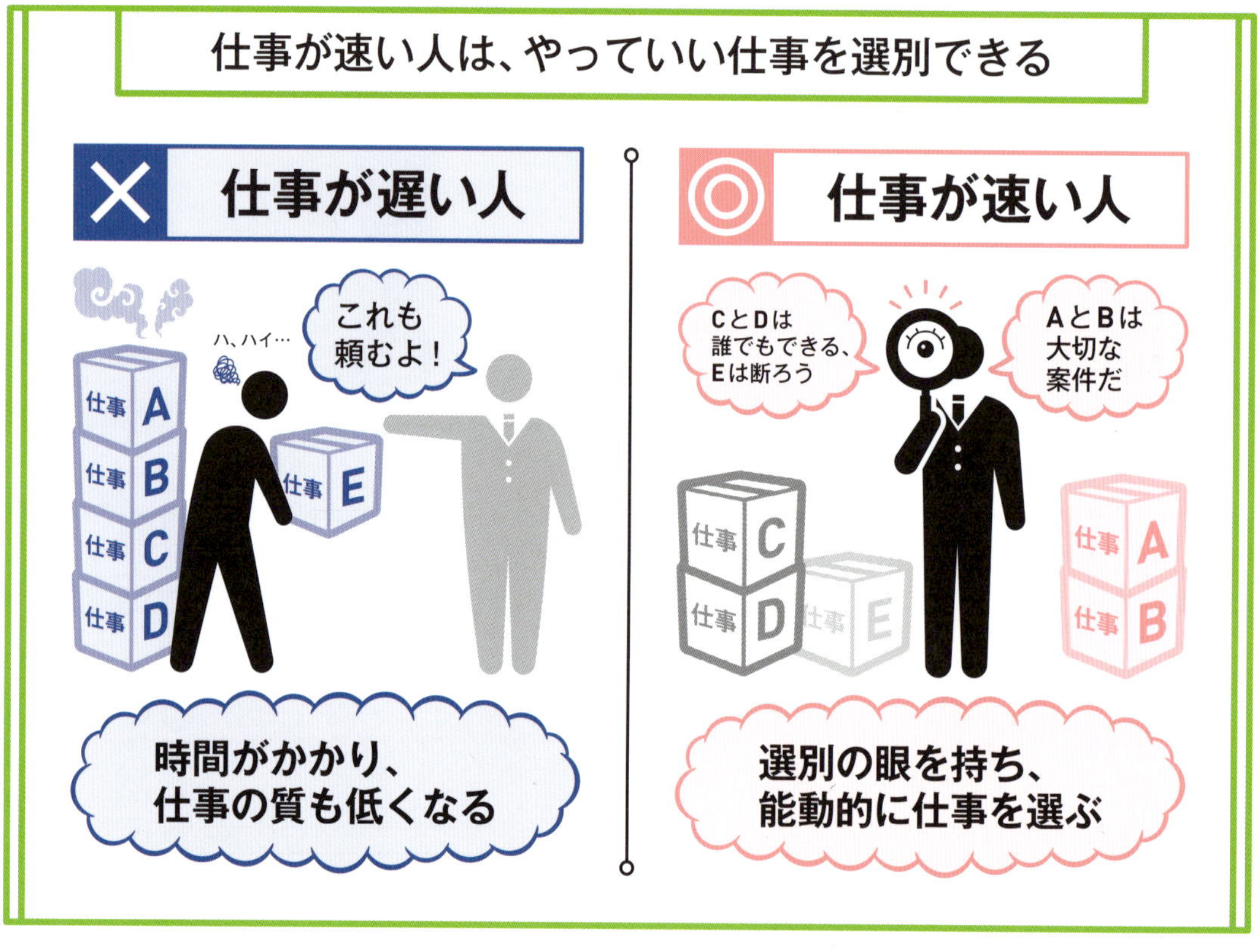
仕事が速い人は、やっていい仕事を選別できる
仕事が遅い人
これも頼むよ！
ハ、ハイ…
仕事 A
仕事 B
仕事 C
仕事 D
仕事 E
時間がかかり、仕事の質も低くなる
仕事が速い人
CとDは誰でもできる、Eは断ろう
AとBは大切な案件だ
仕事 C
仕事 D
仕事 E
仕事 A
仕事 B
選別の眼を持ち、能動的に仕事を選ぶ

「仕事が速い人」は能動的に仕事を選ぶ

「きた球を打ち返す」卓球のような仕事も必要ですが、「きた球を見極めて、いい球だけを打ち返す」ことも、ときには必要です。

与えられた仕事すべてに反応して、すべてをこなそうと頑張れば頑張るほど無理が生じてしまい、いい仕事ができなくなります。

そこで、能動的に自分でいい仕事を選んでいくとともに、その選んだ仕事に全力を尽くして、結果を出すことが求められます。

そして、**能動的に仕事を選ぶためには、「仕事を断る」ことが必要**になります。「仕事が速い人」は、この仕事を断るという術に長けているのではないでしょうか。

自分から受けた仕事は集中して成果を出せる

私も以前は、何でもかんでも仕事を受けていました。結果、仕事

仕事が速くなる 3 POINT

1. 与えられた仕事をすべてこなそうと頑張っても、いい仕事はできない
2. 情報を選別する眼を持って、やりたい仕事を能動的に選ぶ
3. 選んだ仕事なら集中してとり組め、結果を出せる

の質も低く、時間がかかり、「仕事が遅い人」になっていました。

今では執筆やセミナー講師の依頼もきますが、しっかりと話を聞いて、見極めるようにしています。

そうすることで、やりたい仕事だけをすることができます。

そのやりたい仕事は、**自分が選んだ仕事なので、責任を持ってしっかりと集中してやるという意識が働きます。**結果、しっかりと仕事をすることができ、仕上がりも早くて質が高いように感じます。

たまに、受けたくない仕事を、受けざるを得ないことがあります。

そのような場合は、自分が選んだ仕事よりも質は低くなり、時間もかかってしまうものです。そのようなときは、「仕事が遅い人」に成り下がってしまいます。

そうならないよう、**日ごろから飛んでくる情報に対して厳しい選別の眼を持ち、自分がやりたい仕事を能動的に選ぶ**ようにします。

さまざまな仕事をどう受けるか、その姿勢が「仕事が速い人」と「仕事が遅い人」とを隔てる分水嶺になるような気がします。

気が乗らない仕事は勇気を持って断ることも必要です。

実力をつけ、「仕事が断れる人＝仕事が速い人」になりましょう。

自分から受けた仕事は、集中してできる

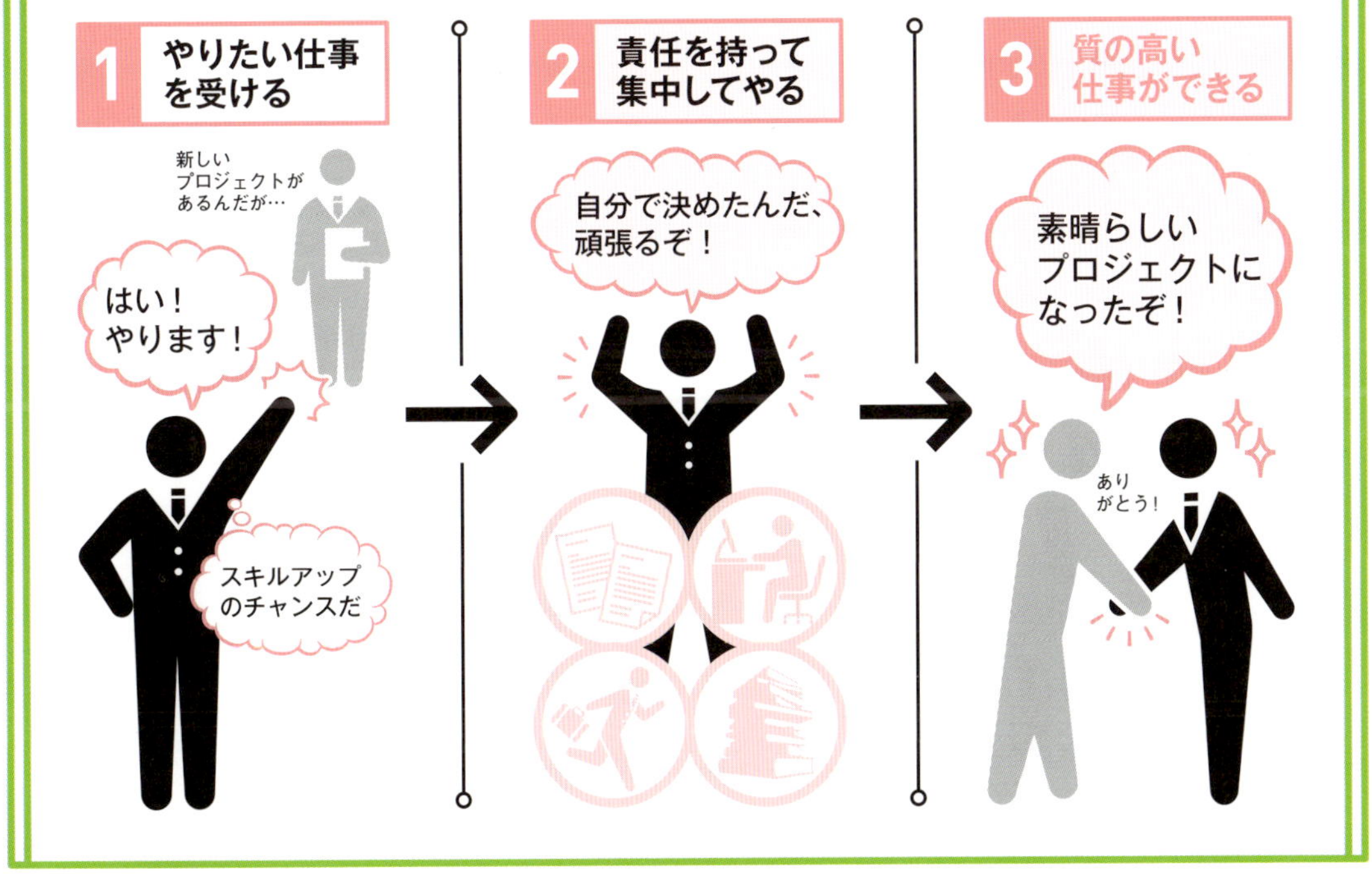
1 やりたい仕事を受ける
新しいプロジェクトがあるんだが…
はい！やります！
スキルアップのチャンスだ
2 責任を持って集中してやる
自分で決めたんだ、頑張るぞ！
3 質の高い仕事ができる
素晴らしいプロジェクトになったぞ！
ありがとう！

37

仕事が速い人は 自分自身を気にする。
仕事が遅い人は 他人の眼を気にする。

他人の眼よりも「自分がどうなりたいか」

仕事をしていると、どうしても他人の眼を気にしてしまいます。

しかし、**他人の眼ばかりを考えていると、身動きがとれなくなってしまいます。**

「人生の主役は自分である」という気概を持って、自分中心に考え、自分を持って生きていくべきです。

まず考えるべきなのは、**「自分が何をしたいか」「自分がどうなりたいか」**ということです。

それを軸に持ち、仕事を選び、やっていかなければなりません。

その上で、周りの人に対しても敬意を払う、という順番でいいのではないかと思います。

自分の軸をしっかり持てば、他人に惑わされない

インターネットやSNSで、みんながつながることのできる時代になりました。

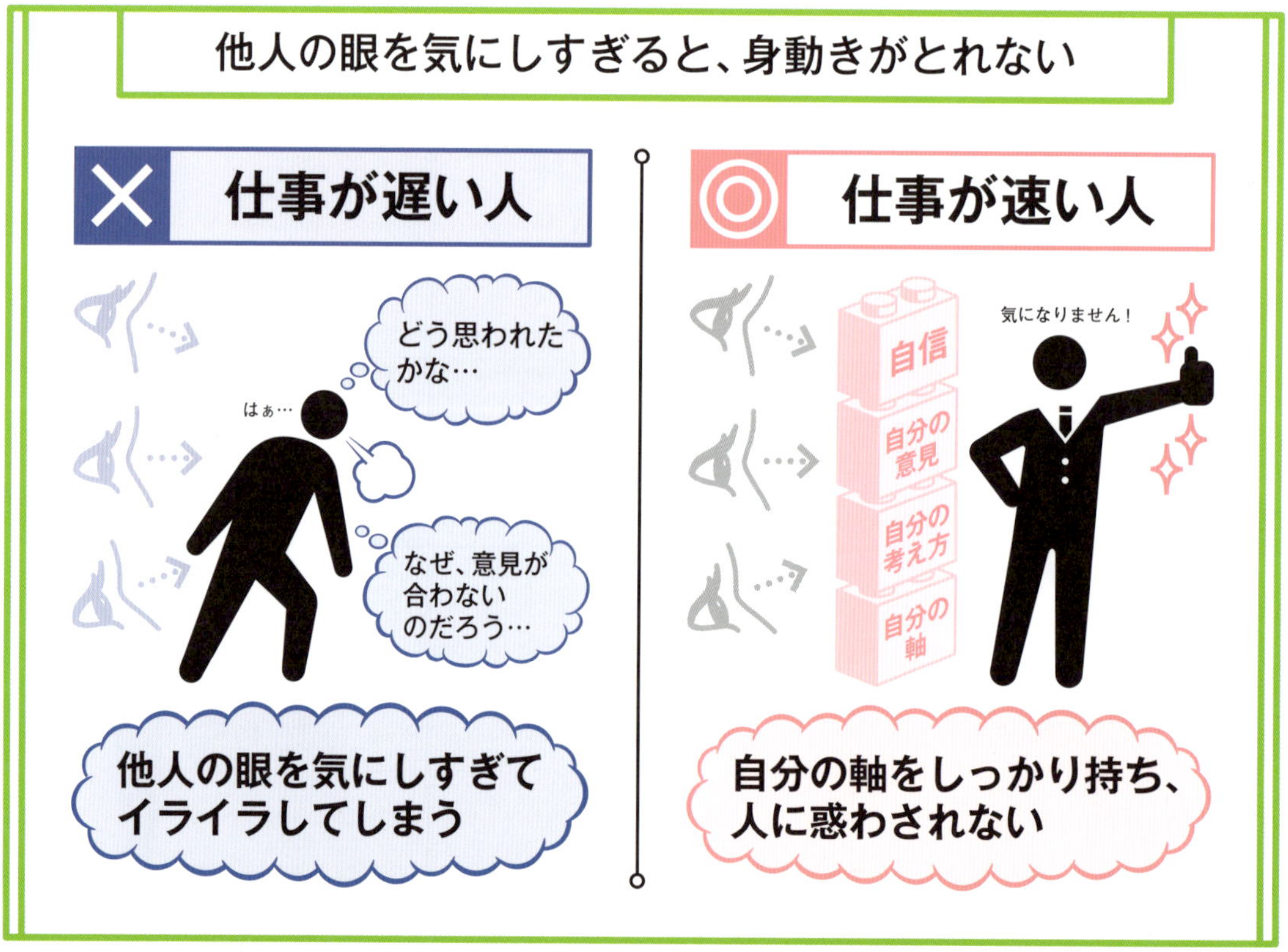
他人の眼を気にしすぎると、身動きがとれない
× 仕事が遅い人
はぁ…
どう思われたかな…
なぜ、意見が合わないのだろう…
他人の眼を気にしすぎてイライラしてしまう
◎ 仕事が速い人
気になりません！
自信
自分の意見
自分の考え方
自分の軸
自分の軸をしっかり持ち、人に惑わされない

仕事が速い人は「自分がどうなりたいか」を考える

人生の主役は
自分自身。
自分の軸を
持ちましょう！
リーダーとして
プロジェクトを
成功させたい！
グローバルな
仕事をしたい！
お金を
たくさん
稼ぎたい！
営業成績
ナンバー1に
なりたい！

仕事が速くなる 3 POINT

1. **他人の眼ばかり気にしすぎると、身動きがとれない**
2. **考え方や意見に自信があれば、他人の眼は気にならない**
3. **人生の主役は自分自身。自分の軸をしっかりと持とう**

ネットを見ていて、違和感を覚えるのは、「他者批判」の多さです。

自分と意見の違う人を攻撃したり、切り捨てたり。特に匿名の人が、本名で意見を述べている人に対して、汚い言葉を浴びせかける場面を見ると、悲しくなります。

こういった現象は、**「他人の眼を気にするあまり、自分と違う意見を持つ人に対してイライラしてしまう」**のが原因かもしれません。

自分の考え方、自分の意見を持ち、それに自信を持っていれば、他人の眼は気にならなくなります。

他人の意見も、「そういう考えもある」と受け入れましょう。

人間は、人の悪口を言ったり、聞いたりするのが好きなので、誰かを批判すると注目を浴びます。

ですが、私はそうはしたくありません。そのようなメディアで発言するときや、出版物を書くときは、人の批判をせず、前向きな意見を言うように心がけています。

人生の主役は自分自身。自分のことは自分にしかわかりません。**自分という軸をしっかりと持ち、何をやっていくかをしっかり決め、人に影響されたり、惑わされすぎないでください。**

自分を持ち、見失わず、着実に自分の人生を歩んでいきましょう。

CHAPTER 07

コミュニケーション編

復習問題

次の［　　］に当てはまる言葉は、下のA～Gのうちどれか？

Q1 仕事が速い人は
誰でも［　　］仕事は部下などにどんどん振る！

Q2 仕事が速い人は
他人が［　　］仕事をやる！

Q3 仕事が速い人は
すぐに［　　］し信頼を勝ち取る！

Q4 仕事が速い人は
［　　］があり、自ら仕事をどんどんこなしていく！

Q5 仕事が速い人は
［　　］ことをしない！

Q6 仕事が速い人は
やっていい［　　］とやってはいけない［　　］の選別ができる！

※同じ言葉が入ります

Q7 仕事が速い人は
［　　］をしっかり持っているので、他人に流されない！

A 媚びへつらう	B 決断力	C できる	D 仕事
E できない	F 自分軸	G メールを返信	

解答：Q1／C　Q2／E　Q3／G　Q4／B　Q5／A　Q6／D　Q7／F

地道に繰り返し続けることで、必ずあなたは変わることができる。

本書は単行本で出版され、12万部を突破した『「仕事が速い人」と「仕事が遅い人」の習慣』を図解版として再編集したものです。

単行本には入っていないイラストを多く使用したことで、よりわかりやすくなっていると思います。

さて、「仕事が速い人」になるためのメソッドを、すべて紹介してきました。

私が自分で考えたり、いろいろな人の意見などを参考にしたりして、実際にやってきたことばかりですので、容易に実行できると思います。

しかし、このような本を「読むだけ」で終わってしまう人がほとんどです。

私も昔はそうでした。本を多く読むことは読むのですが、それで終わってしまい実行に移すことがありませんでした。

それでは意味がありません。時間の無駄です。

そこで私は、役に立つ部分に付箋をつけ、読了後はノートに、「やることリスト」として書き込む習慣を身につけました。

その結果、事業がうまくいきだし、ビジネス書を10冊以上も出せるようになれたのです。本を読むだけでしたら、このようにはなれていなかったと確信できます。

あなたもぜひ、本書の中から、使えそうなところをピックアップして、実行してください。その作業を**地道に繰り返し続けることで、必ずあなたは変わる**ことができます。

人生は、「やるか、やらないか」で決まってしまいます。

何かを実現させたい、好きなことをしたい、稼ぎたい、などと思っても、実際にやらなければ、そのような願いはひとつもかなうことはありません。

逆に、そのような願いを頭に入れつつ、**実際にやっていった人のみが、その願いを実現させることができる**のです。

本書は、『何かをやろうと思っている人が、その「やりたいこと」を実現できるようにサポートしたい！』という思いを込めてつくりました。

どうかその思いを汲みとっていただき、「やる」人になっていただければと思います。

最後になりましたが、本書の発行にかかわっていただいたすべての人にお礼を申し上げます。

これにて、筆を置かせていただきます。最後までお読みいただきまして、どうもありがとうございました！

山本　憲明

PROFILE
著者略歴
The Habits of Fast Workers & Slow Workers

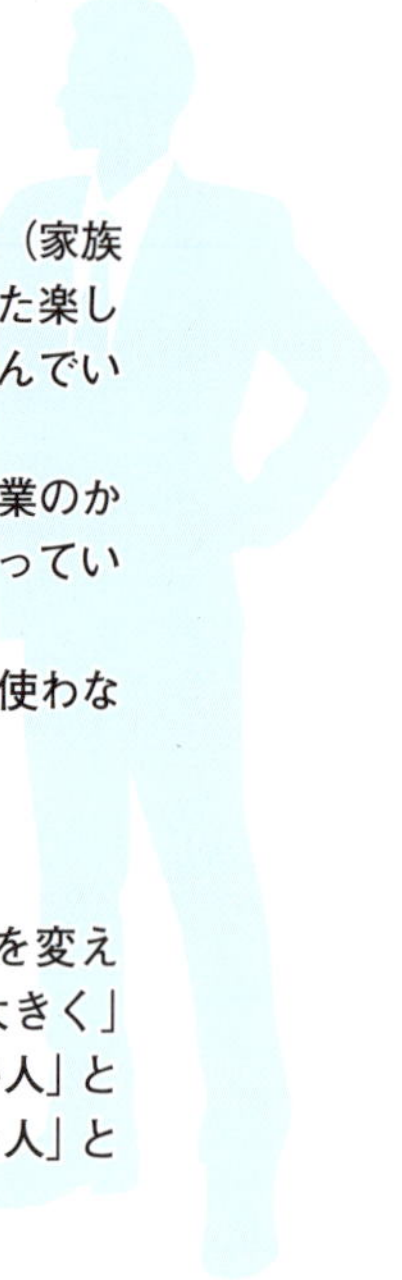

山本憲明（やまもと のりあき）

税理士、中小企業診断士、気象予報士。

山本憲明税理士事務所代表。

H&Cビジネス株式会社代表取締役。


1970年兵庫県生まれ。1994年早稲田大学政経学部卒。

大学卒業後、横河電機株式会社で、半導体試験装置の営業・エンジニアと経理を経験。

働きながら税理士試験や気象予報士試験を受験し、短期間で合格。

10年半の会社員生活ののち、2005年1月、山本憲明税理士事務所を設立。開業1年目から順調に売上を伸ばしていたが、将来の税理士業界や経営の在り方に疑問を感じ、最小限の人数での効率的な経営に方向転換。

現在では、少人数で効率的な経営を行いたい経営者をサポートし、その経営者がお金、時間、（家族など）人との関係の全てにバランスが取れた楽しい経営が実現できるよう、実践と勉強に励んでいる。

また、「仕事を速くする」技術を発揮し、本業のかたわら、馬主業や少年野球コーチなども行っている。

「お客様の立場に立って考え、難しい言葉は使わない」が信条。

●主な著書
『朝1時間勉強法』『朝1時間シートで人生を変える法』（KADOKAWA）、『社長は会社を「大きく」するな！』（ダイヤモンド社）、『「仕事が速い人」と「仕事が遅い人」の習慣』『試験に「合格する人」と「落ちる人」の習慣』（明日香出版社）など。

本書の内容に関するお問い合わせ
明日香出版社　編集部
☎(03)5395-7651

〈図解《ずかい》〉「仕事《しごと》が速《はや》い人《ひと》」と「仕事《しごと》が遅《おそ》い人《ひと》」の習慣《しゅうかん》

2015年 7月 27日　初 版 発 行

著　者　山《やま》本《もと》憲《のり》明《あき》
発行者　石 野 栄 一

明日香出版社
〒112-0005 東京都文京区水道 2-11-5
電話 (03) 5395-7650（代 表）
(03) 5395-7654（FAX）
郵便振替 00150-6-183481
http://www.asuka-g.co.jp

■スタッフ■　編集　早川朋子／久松圭祐／藤田知子／古川創一／余田志保／大久保遥　営業　小林勝／奥本達哉／浜田充弘／渡辺久夫／平戸基之／野口優／横尾一樹／田中裕也／関山美保子／総務経理　藤本さやか

印刷・製本　株式会社フクイン
ISBN 978-4-7569-1779-9 C2036

編集担当　久松圭祐